童年是日记中的小秘密

青春美文精品集萃丛书·难忘童年系列

《语文报》编写组 选编

时代文艺出版社

图书在版编目（CIP）数据

童年是日记中的小秘密 /《语文报》编写组选编. -- 长春：时代文艺出版社，2021.6
（青春美文精品集萃丛书. 难忘童年系列）
ISBN 978-7-5387-6737-7

Ⅰ.①童… Ⅱ.①语… Ⅲ.①作文－中小学－选集 Ⅳ.①H194.5

中国版本图书馆CIP数据核字(2021)第088000号

童年是日记中的小秘密
TONGNIAN SHI RIJI ZHONG DE XIAO MIMI
《语文报》编写组　选编

出 品 人：	陈　琛
责任编辑：	王　峰
装帧设计：	任　奕
排版制作：	隋淑凤
出版发行	时代文艺出版社
地　　址	长春市福祉大路5788号　龙腾国际大厦A座15层　（130118）
电　　话	0431-81629751（总编办）　0431-81629755（发行部）
网　　址	weibo.com/tlapress（官方微博）　sdwycbsgf.tmall.com（天猫旗舰店）
开　　本	880mm×1230mm　1/32
字　　数	135千字
印　　张	7
印　　刷	三河市嵩川印刷有限公司
版　　次	2021年6月第1版
印　　次	2021年6月第1次印刷
定　　价	36.00元

图书如有印装错误　请寄回印厂调换

编 委 会

主　　编：刘应伦

编　　委：刘应伦　赵　静　李音霞
　　　　　郭　斐　刘瑞霞　王素红
　　　　　金星闪　周　起　华晓隽
　　　　　何发祥　朱晓东　陈　颖
　　　　　段岩霞　刘学强

本册主编：陈家武

Contents 目 录

记忆中的那棵槐树

记忆中的那棵槐树 / 康星玥 002
童年趣事 / 王嘉琪 004
老小孩儿 / 刘小钰 006
你，就在身边 / 康子月 008
成长路上，有你真好 / 张诗雨 011
我的同学们 / 孙天悦 013
正是少年时 / 李 悦 016
我与书的故事 / 崔惠珍 018
有一种经历叫少年 / 齐翊程 020
走过青春的涟漪 / 权 洁 022
温暖 / 马子舟 025
梦中的我不完美 / 王梓钰 027
我们的"班副" / 崔 腾 030
阅读伴我成长 / 刘 泽 032
花开花落 / 毛若男 034
书籍，生命的甘霖 / 常佳玉 036
今夜，无眠 / 曹 越 038

童年是日记中的小秘密

长路漫漫，愿你一切安好

掌声 / 任润格 042
小小快乐 / 谷晓楠 045
呵呵，看看我过年包饺子 / 闫柳露 047
老妈真跩 / 张玲娜 049
雪 / 檀鹏远 052
家庭趣事 / 郝 磊 054
水仙花 / 张 阳 056
我家的"小魔王" / 樊雨欣 058
爷爷，从未走远 / 梁 芊 060
家有"小太阳" / 安梓漫 063
优良家风伴我成长 / 齐宇煊 066
小郄老师 / 张 雨 068
我从她身上学到坚持 / 李会宁 070
那丛月季花谢了 / 展静然 072
长路漫漫，愿你一切安好 / 朱静之 074

有一种色彩属于我

读书原来如此快乐 / 于佳琳 078
听，雨珠儿在说话 / 王 芳 080
给爱一个温暖的视角 / 梁丽娟 082

随意门　/　郭春月　085

我的前后左右　/　王梦洁　087

师恩难忘　/　郄添僧　089

另类老师　/　王志新　091

微笑地面对生活　/　王　静　093

请别忘记我　/　韩子怡　095

平凡的人　/　张悐露　097

抹不去的思念　/　朱　清　100

小草礼赞　/　赵　克　102

有一种色彩属于我　/　白晓敏　105

我的"男闺密"　/　韩娟娟　107

感谢挫折　/　王　凯　109

朋友老师　/　李　任　111

"老数"小传　/　封辰然　113

飘忽的目光　/　崔进红　115

零度的温暖

有梦不怕痛　/　刘怡然　118

一件让我感动的事　/　曹雅琳　120

循梦而行　/　曹新宜　123

生命因经历而精彩　/　刘子佩　125

爱的馈赠　/　杜　钰　127

零度的温暖　/　张雨儿　130

妈妈的睡眼 / 郭佳良 132
痛苦是梦想的源泉 / 杜威武 134
梦伴痛 / 郭素珍 137
百变精灵——饺子 / 陈晓天 139
北京，你真美 / 史皓月 141
被风拂过的冬天 / 牛 虎 143
被遗弃的"快乐" / 刘晓庆 145

生活是个圈

本班的"两员大将" / 缑慧瑾 148
缤纷的午餐 / 苏 萱 150
不该丢失的友谊 / 马怡宏 152
不一样的中秋，不一样的情 / 刘 朔 154
有一种记忆叫"温暖" / 常 菜 156
从未走远 / 齐月桐 159
梦想的阳光 / 韩娟娟 161
读书？读书！ / 陈雪璐 164
我爱汉字，我爱中华 / 杨 慈 166
奔跑吧！中国 / 江 雪 169
畅想未来新校园 / 李 玮 171
梦想中的人间天堂 / 卢玉兰 173
生活是个圈 / 赵 悦 175
错过 / 齐进科 177

角落里的温暖

钓猫 / 刘紫月		180
书的清香 / 石雪琦		182
读书,伴我成长 / 郝若雨		185
历经苦难的洗礼 展示人生的精彩 / 焦卓娅		188
端午香粽不当差 / 刘 怡		190
意外 / 曾丽娜		192
泛黄照片的力量 / 张力宁		194
扶起欲倒的心 / 王心怡		197
歌咏比赛 / 李怡坤		199
古诗里的爱 / 白雪丽		201
从未走远 / 焦晨辉		203
关爱 / 杜佳薪		205
成长需要挫折 / 曹贞贞		207
轻松的春节 / 李欣荣		209
过年那点事儿 / 仇慧超		211
难忘的第一次发言 / 沈 璐		213

记忆中的那棵槐树

记忆中的那棵槐树

康星玥

"池塘边的榕树上,知了在声声地叫着夏天,操场边的秋千上,只有蝴蝶还停在上面……"每当我听到这首歌,思绪就会飘向远方。

我的童年是在老家度过的,老家的院子里有一棵槐树,树旁边是村里建的小池塘。我小时候特别喜欢在那里玩儿,爱上树,也爱玩水,每当我爬上那棵比我高很多的树时,心里就会涌起一股成就感。虽然我每次都会划破衣角,擦破皮,被大人们说成"假小子",但每次我都不以为然,因为我觉得,爬上树就可以看得更远,长大后的人生就会飞得更高。

到了四五月份,槐花开了,举目远眺,整个槐树变成了花的海洋。仔细端详,乳白色的槐花夹在枝头,像一串串小巧玲珑的风铃,在微风的吹拂下轻轻地摇曳……然而我总喜欢吃槐花，摘一朵槐花放在口中，嘴里立刻充满了槐花的香气，沁人心脾。而且我认为槐花还是极好的装饰物，摘一朵槐花戴在头上，看着水中的倒影，我不禁赞美起水中的人儿，当然，那个人就是我。

想必大家都看过偶像剧吧，男女主角相遇时，天空中就会散落美丽的花瓣，但是，你们有想象过落下的花瓣是槐花吗？小时候我特别喜欢那个画面，所以只要风一吹，我就赶紧跑到槐树下，看着那被风带到水面，带到远方的槐花，风中掺杂着槐花淡淡的清香，我把我想象成女主角，慢慢地在原地徘徊，你们也许会觉得我很傻，但在以后的很长一段时间里，这都是我所喜爱的。

慢慢地我长大了，也渐渐明白，其实做人就像槐树，默默忍受炎热，为人们洒下一片阴凉，就像槐花，有朴实无华的外表，把芳香带向人间。

我的童年悄悄地走了，现在我回到家里，总会半倚在树上，闭上眼睛与槐树融为一体，共同享受那一份宁静。童年走了，许多事肯定也会淡忘，但我一定不会忘记那棵槐树，那个我童年最好的玩伴，在别人眼里，它或许并不高大，但它足以让我的生命开出绚丽的花。

童年趣事

王嘉琪

童年的岁月，摇曳在生命的流光里渐渐隐去，童年的琐事，却在岁月的漂洗中，愈发清晰。

还记得那天下午放学时，老师说明天就要考试了，全班人都高呼："no。"我闷闷不乐地走回家去，妈妈看出了我的情绪，问我："怎么了，心情不好吗？"我嘟囔着说："明天就要考试了，我担心我考不好。"妈妈说了一句："真金不怕火炼。"

"什么？枕巾不怕火炼？"我一听便来了兴趣，追着妈妈刨根问底。

妈妈正在忙着，应付了我一句就出去了。

当时的我，并不明白妈妈说的那番话是什么意思，只是觉得枕巾怎么会不怕火烧呢？为了解开这个谜题，我决定亲自试验一番。

我拿来家里的打火机,又找了一个枕巾,我跃跃欲试,摁下打火机,火苗蹿了上来,我把枕巾放在上面,妈妈闻到了一股焦味,赶忙跑过来,可事已至此,补救也来不及了,枕巾已经被烧出了一个大洞,妈妈疑惑不解地问我:"为什么要烧枕巾呢?"我义正词严地告诉妈妈:"因为是你说的,枕巾不怕火炼嘛。"妈妈哭笑不得地看着我说:"是真金不怕火炼。"

那块枕巾我到现在还保存着,看见它,就像看见了我天真懵懂的童年,想起这件事,还引人发笑呢。

老小孩儿

刘小钰

他，留着一头利索的短发，头发颜色是流行的"奶奶灰"，嘴角微微向上翘起，总让人感觉他是那么和蔼可亲。没错——他就是我爷爷。

"来，坐到这儿，我给你好好说道说道……"每次假期看望爷爷总会"教育"我，爷爷的"讲功"真的与大学教授有一拼，虽然只是一件很小很小的事，爷爷也能把话题扯到八竿子打不着的事儿上，真的是无缝衔接。尽管很无聊，但我总要耐心听着，因为防止下次加倍奉还！

爷爷还有点儿慢性子，做什么都比别人慢半拍。有一次，奶奶让爷爷切菜，切了二十多分钟还没切完。奶奶不耐烦地说："你就不能快点，这都几点了，别人家都吃完饭了。"爷爷不慌不忙地说："急什么，慢工出细活。"让奶奶哭笑不得。

爷爷还很爱收藏小玩意儿，爷爷屋里摆放的物件儿真是琳琅满目。让你看上一天一夜都不一定能看完。爷爷最爱收集瓶瓶罐罐。在别人眼里，这些都是没用的垃圾，可爷爷总能让他们变废为宝。笔筒、书签甚至是洗碗球爷爷都能做出来。爷爷还有句金言："世界上其实没有垃圾。"每次爷爷说这句话的时候都带着小孩般的语气。

爷爷还很爱看书，各种各样的书都有，把书的重量加起来恐怕要赶上一头牛了！有一次我看到爷爷书柜里有一本超厚的书，看上去是那么新。可当我翻开的时候惊讶极了，这本书从头到尾，几乎每一页都有注解。分析，在书角工工整整地排列着，字迹是那么清晰。爷爷说："看书的时候要用心，也要学会试着写分析、注解，等下次再看的时候会很有帮助。"其实爷爷平时特别质朴，花钱从来都不大手大脚，可唯独买书一点儿也不吝啬。奶奶平时也很节俭，不让爷爷老买书，可爷爷是个忠实书迷，谁也拦不住，于是爷爷就瞒着奶奶买书。还会学小孩儿一样对奶奶说谎，被奶奶抓个正着时，像小孩儿犯错似的低头认罪，不再辩解。

他就是我爷爷，有点儿慢性子，爱说话，手很巧，爱读书的"老小孩儿"。

你，就在身边

康子月

没有过多的装饰，没有过多的掩盖，没有过多的枝节，妈妈，你给我的爱，我懂，是简简单单的爱……

萌芽初现

小时候，我单纯天真，不懂您的爱。

记得那天，您刚刚下班回家。外面一直下着大雨，一片片树叶被雨滴从树上劈打下来，极不情愿的走向那代表着死亡的大地。您一回家，就赶紧把那湿漉漉的大衣脱下来，您的头发上，一滴滴雨水正在调皮地往下跳。您看见我正在看电视，就对我说："该写作业了，我先去做饭，一会儿写完作业后记得吃饭。"我胡乱地答应着，眼睛仍一动不动地盯着电视。一会儿，您从厨房出来了，看到我，冲着我大喊说："你怎么还不去写作业？你怎么这么不听话！"我噘着小嘴，满不在乎。

花蕊点点

长大后，我逐渐懂事，理解您的爱。

因为您的悉心教导，我在后来的学习成绩一直不错。当别人对我露出赞扬的微笑时，我突然想起了您，我的母亲，是您铸就了我。还记得那天，您带我出去散步，走着走着，我突然被一块石头绊倒了，擦破了膝盖，您赶忙让我坐下，满是忧虑地问我疼不疼。我惊奇地发现，您的脸上不知什么时候已经布满了皱纹，头发上的银丝在阳光照耀下格外显眼，手也粗糙了许多，您为我，真的付出了太多。您给我处理好了伤口。可是，伤不疼了，心却疼了。

悠悠绽放

现在啊，我成熟自信，留恋您的爱。

无数个夜晚，我在灯下冥思苦想着一道道数学题，心里始终焦躁不安。您却一直陪着我，给我倒水，甚至给我捶背，现在想起来，还自觉羞愧。至今仍记得您那慈爱的双眼，就那样关心地看着我，就仅仅只是那双眼，就能让我温暖如夏，四季如春。我知道，是您给了我信心和动力，我知道，您爱我，我更知道，我定会在成长路上无所畏惧。

母亲，我懂了，原来真正的爱是不需要多少华丽的辞藻的，需要的，仅仅是一颗真挚的心。原来，爱一直都在，您一直都在。

母亲，成长路上，有你，真好……

成长路上，有你真好

张诗雨

五月的阳光折射在楼梯口，灰黄的墙壁显示出时间的沧桑。楼梯转角处的旧式自行车早已锈迹斑斑，破旧得让我怀疑这真的是当年陪伴我的那辆崭新灵动的自行车吗？

暗黄的木门发出"吱呀"的声响，父亲推开门，神情恍惚："我们回去看看吧。老房很快就被拆了，这大概是最后一次看它了。"他特意把"老房"两字说的极缓慢，眉眼间尽是柔情。

我叹了一口气，说："好，那你骑车带我回家吧。"他很是惊喜，原本黯淡的眸子刹那间大放光彩，仿佛我不经意间的一个决定成就了他期盼已久的愿望似的。他跨上车，动作却没有从前那样利索。由于车座的原因，他比我高出一大截，抬头仰望他的身影，好像又回到了孩提时光。那时候我是那样狂热地崇拜父亲，觉得他就是无所不能的神，总爱把他挂在嘴边，自豪地跟所有人讲他的故事。那些年幸福又温暖，只是再也回不去了。

  风吹起他的衣襟，时不时轻抚我的脸颊。他用力蹬着车，又小心翼翼地避开路上每一处坑洼。我注视着他的背影，心里温暖起来。"你看，路上的车啊人啊这么多，上学的时候要小心一点儿，别磕着自己……"眼泪夺眶而出，他的话明明那么朴实，却每次都会带给我感动。

  几多春夏秋冬，年复一年，曾经辉煌无比的自行车早已锈迹斑斑，可父亲对我的爱始终如一。父亲，于我而言，是个亦师亦友的角色。这些年，每当我有困难时，他会为我出谋划策，鼓励我勇敢前行。他总是小心翼翼的呵护着我，怕我受半点儿委屈。

  夕阳斜照在自行车上，像是给车子镀上了一层金色。我靠在父亲的背上，享受着只属于我的温暖。

  亲情是一杯热茶、一首清歌、一条温暖的围巾，是在冻手冻脚的冬天仍让你心生温暖的感情。被亲人爱着，即使清贫相守，也此生无憾。

  父亲，人生路上，有你相伴，真好。

我的同学们

孙天悦

窗外湛蓝的天空上飘浮着几朵慵懒惬意的云,阳光展开笑颜,尽情挥洒光芒和温暖。窗内一个我,百无聊赖地坐在桌前,看着窗前的那一本本书,不禁笑了起来,我想起了我的同学们。

我的同学们就像一本本不尽相同的书。他们有的博学如古书,散发出睿智的光芒;他们有的幽默如漫画,只需看一眼便可让你捧腹大笑;他们有的一丝不苟如教科书,每一页上都印满了他们的认真;他们时而一本正经,时而搞笑如一本杂志,里面载满了酸甜与苦辣……

古 书

唉,你们来猜猜,这本古书会是谁呢?哈哈,她自然非吾班学习第一者莫属啦！她啊，可真是厉害呢，曾数次取得吾班第一及吾年级第一，大有"前不见古人，后不见来者"之势。吾有幸与其同窗共读数载，其思维之敏捷，做事之认真以及满腹经纶使吾之敬佩也。学者，常遇难题也，其必冥思苦想，然则吾师令其答之，其必侃侃而谈，其宁静平和之态，令吾辈之心服口服者也。其又勤学好问、善于思考，此则其常取吾班第一桂冠之因也。

漫　画

我们班的同学都时常会有十分搞笑的一面，以至于我们班的同学的搞笑之处合起来都可以做成一本著作《漫画大全集》了。这搞笑达人之一便有吾班这位：他的脸上镶着两颗大明珠——就是他的大眼睛啦！他还总在脸上挂着一对深深的酒窝。只因其容貌便取得二名。一名曰："大眼怪"，第二名曰："小酒窝"。再看他的同桌那位胖子，那体形，那懒样儿，那吃相儿，真人版的熊二！两个人在一起时真是活生生的"熊出没"。如使汝视之，岂不捧腹哉？

杂　志

且听我来给你讲讲我们班的这些个"杂志风云人

物"。我们班的学习委员和副班长可都算得上是这里的杰出代表人物了。他们课上总是专心致志地听讲，积极地回答问题。可你看，他们课下可就摇身一变成为谐星了，一个是"黑土"，一个是"白云"正在唱对台戏，你一句我一句，唇枪舌剑，不相上下！围观的只嫌事小，不怕事大。大家嘻嘻哈哈地闹成一片，到处都洋溢着欢乐的氛围。这些欢喜冤家们，每天都注定少不了一顿大PK（对决），那可是我们班课余的一道道靓丽的风景线啊！

　　望着窗外那幽静的天空，闻着身旁书本中散发出的墨香，我深呼吸，细细地品味着书中的独特，也亦是在品味着我身边可爱的同学们。想着想着，我笑了……

正是少年时

李 悦

我、小楠、小言、小雪,我们是个四人小团队。

小楠又瘦又高,有种病态美。真的,她的脸永远是苍白的,你看见她就觉得一阵风也能刮倒她。她从小,喜欢画画,腼腆、文静。遇到喜欢的男生也不敢说。不过在我们心中,她就是个长发飘飘,白衣飘飘,散发着圣光的女神。但她好像不满我们对她定格,给自己取了个外号,叫"三汉"……

小言,阳光开朗,身强力壮,这个词确实能够形容她,因为她是个女汉子,也是名副其实的"黑蛋",她其实也不太黑,那只是一种健康的小麦色……她的脸蛋永远红里透紫,我们笑称她这是"闰土红"或"山里红",综上所述,这个词很适合她吧!她总说的一句口头禅是"哎哟,我这小暴脾气"。活脱脱的女汉子,所以小楠给她起的外号叫"狗蛋"。

小雪，她的名字是根据柳宗元《江雪》里的诗句写的，不错吧，一看就是书香世家，她本人的确也是个"超级的学霸"。从小到大成绩没下过前十名，和我们一说话不是英文就是听不懂的大道理，我们只能回她一句"初次进城，请多关照"。不过，她的个子也和她的成绩一样，我们一直没赶上过。由于我们的嫉妒心理，我给她起的外号是"小芳"，哼，土死你~

未来依旧迷茫又模糊，清晰不变的终究只有回忆。

我曾深夜给小楠打电话哭诉，看着我做的菜在小言面前一点儿不剩，看着小雪皱着眉头，咬着笔头，帮我解题。看着我们吵吵闹闹，哭哭笑笑。

现在我也像小雪文绉绉一把，你们仨，我告诉你们：

如果你感到委屈，证明你还有底线；

如果你感到痛苦，证明你还有力气；

如果你感到迷茫，证明你还有追求；

如果你感到绝望，证明你还有希望；

在外漂泊，累了就回来，我一直都在！

我与书的故事

崔惠珍

我的阅读史应该追溯到小学一年级时。在此之前，书对我而言简直就是个画画薄，幼儿园上完字没认识几个，画画倒是长进很多，现在再翻翻那时的书，我还真佩服自己能把书"读"得全是画！

这当然不是什么好事儿，升一年级时我就得到了一记响亮的回应：语文得了十几分！看到身旁所有人都对我失望，我真正地感到不好好读书是一件多么令人羞愧难当的事！

我慢慢地开始接触书了。在刚刚树立的决心下，也在好奇心的诱使和图书的吸引力下，我对书有了好感，以至于不再满足于最初的小人儿书了。

当然，我还没有完全"进化"出来，只是有些耐心看书罢了，知识并没有真正进到脑子里去。这种"囫囵吞枣"的读书方法确实让我成绩得到一定提升，但对于读书来说毕竟不可取。

随着年龄的增长，我渐渐感受到了读书的好处，书对我的吸引力也越来越大了。看完《安徒生童话》后，我并不急于再读其他书，而是再读几遍，体会作者的思想感情；透过《丑小鸭》《海的女儿》感觉出那些悲惨凄凉的故事背后，是人们对美好生活的向往。我渐渐有了更加丰富深刻的思想。

到了三年级时，我已经阅读了大量书籍，四大名著也看了一半。透过《西游记》里的精彩故事，我穿越到了弘治到万历时期，似乎目睹了荒淫腐朽的统治者，黑暗丑恶的封建社会。作者笔下的那个不畏艰险，勇往直前，敢于与天庭做斗争的孙悟空，让我体会了敢于反抗，敢于斗争，渴望自由平等的追求精神。

现在，读书已经成为我生活中不可缺少的一部分。读书让我了解了许多课外知识，更让我有了成熟的思想，学会了分辨美丑善恶，教会了我做人的道理，使我的生活充实起来。

我的生命因为书而丰富多彩。

我愿意在书籍中博古通今、驰骋思想，更希望在现实中不断思考，学以致用。

有一种经历叫少年

齐翊程

有种感情叫懂；有种快乐叫疯；有种分离叫痛；有种经历叫少年。

在那个阳光灿烂的童年，我们一起走过开满花儿的原野，欣赏春天的美妙。我们一起领略年少的纯真，一起画出我们的色彩。

蹚过童年，走向少年。怀揣着儿时的梦想，浮现着未来的影子。

世界上没有比少年更美好的了，它是人生的花季，它有太多的故事，岁月会让你失落、彷徨、忧伤，但正是因为这些情感，才让我们拥有了可贵的经历，这种经历叫少年。

虽然每天有繁重的学习任务，来自各个方面的压力，但我们仍然不忘课间飞奔楼道中，虽然被老师捉住后会讲我们当作耳旁风的话，但是年少的心依旧飞扬。

是的，有种感情叫懂。上课被老师提问而又不会的情况下，同桌会自然地把书拿起来，然后你懂得。有时同学去买吃的，一个眼神抛过去，秒懂。

是的，有种快乐叫疯。下课一起奔跑，一起玩耍，一起站墙角，一起挨训，不过早已成习惯。

是的，有种分离叫痛。我们相遇又分离，少年是一本仓促的书，我们匆匆度过，成了时光的过客。青春是一场懵懂的梦，当你醒来时，它已消失得无影无踪。青春如一列火车呼啸而过，而我们都是乘客，在每一个站台相遇，随即又天各一方。又如生命里那些不知名的花，静静的盛放，然后，随风飘落在天涯。

少年是开头，又是结尾，我们付出了整个童年换来了一个过程，欢笑和泪水是永远不会忘记的。因为这种经历叫少年。

走过青春的涟漪

权 洁

"路上小心,记得多喝水、认真听课!"

我一阵风似的奔下楼梯。清晨的上学日,妈妈总在我的身后叮嘱道。

"知道啦!知道啦!"我不耐烦地答道。爸爸的车已经缓缓驶到了楼道口,我跨进车,用力关上车门。于是在这"咚"的一声后,路上这短暂的父女相处时间便再没了声音。

到校,上课,下课,放学。

一天的学习生活又这样结束了,和同学发生矛盾的我无精打采地往家走。

一天又一天,无趣枯燥的生活复印了一次又一次。"没劲!"我踢飞一颗石子,低头恨恨道。那石子在美丽的霓虹灯下划过一道弧线,又堕入无尽黑暗之中。这美妙太过短暂。以至于只在石子的生命中留下一个亦真亦幻的剪影。

回到家,妈妈责怪我回家太晚。我心中的火气和一天积压下的委屈、埋怨一下子被点燃,毫不示弱地对上母亲那满含责备的目光。

……

良久,妈妈脸色黯淡下来,双眼间划过一簇失望便再没了神采。她摆摆手,用令我伤心的语气平淡地说道:"好,我不跟你吵,你爱怎么办怎么办吧!"说完话,就回到她的卧室。

我佯装镇定的面具,终于在夜深人静之时撤下。我慢慢地蹲下来,手抱住头,无助地低声啜泣,曾以为生活色彩斑斓,可到我这里却变成一种单调的色调——灰色充斥了我的整个世界。

父母房间里不时爆发出阵阵欢声笑语,这开心的声音像针一样刺痛着我的心。"如果是以前,这声音里也有我吧……"我苦笑着轻叹,"我的任性妄为和无理取闹,他们受够了吧……终于,终于,你们还是不爱我啊……"

我挪回自己的房间,冰凉的家具陪伴我度过这样一个伤心夜。我的眼前又浮现一家四口同享天伦之乐的场景,突然又有些怀念与期盼。期盼一个温暖的怀抱,哪怕只是一句安慰的话语。我把头深深地埋进臂弯里,期待着温暖出现。

这时，门轻轻地开了，首先跳入我眼帘的是弟弟那肉嘟嘟的可爱小脸，然后是身体上的感知——三个温暖的怀抱悄无声息地包围了我。妈妈在我耳边轻声说："宝贝，不要生气了，妈妈也是担心你……"

我听着妈妈的话，重重点了点头。我知道，这段时间来我的情绪波动如此之大，纯粹是青春期的叛逆心理作祟。而妈妈的话，却已经将这叛逆的苗头归正了。我在心底暗暗想着：一定要控制自己的脾气，不要再伤害家人了。

弟弟仰起他那充满稚气的小脸，问我："姐姐，我们一起玩吧，好吗？"我笑着说："当然可以啦！不过……"我忽然蹦起来，朝弟弟扮了个鬼脸："你要先追上我！"

欢声笑语又响彻了夜空。

第二天。

"路上小心，记得多喝水，认真听课！"

我一阵风似的奔下楼梯，嘴上虽然不耐烦，嘴角却向上翘起，心里漾起层层暖意。

爸爸的车已经缓缓驶到了楼道口，我跨进车，关上车门，与爸爸侃起那一个个惹人发笑的话题。

放学写完作业，总有我和弟弟嬉戏玩闹的身影，以及不时发出的欢声笑语……

我明白了，走过了青春的涟漪，我又找回了属于我的幸福。

温　暖

马子舟

　　家乡，是一个给人温暖的地方。我小时候最温暖的时光就是在家乡度过的。记忆中最快乐难忘的莫过于有奶奶相伴的日子。

　　小院里，一个小男孩儿在菜地中横冲直撞地撒着欢儿。一个中年妇女在旁边喊着："慢点，慢点！嘿！臭小子！看我种的瓜！"我"出溜"一下跳出来，回头看看布满小脚印儿的菜畦，难为情地吐吐舌头。那时的你是我心中的偶像，精明能干，总能把我弄坏的玩具修好，能把我弄破了的裤子奇迹般地补上。

　　一条繁杂的街道上，有一个小男孩儿无助地站在原地四处张望，因为追一只可爱的小狗，他把自己走丢了。那个地方离家不过两百米，可小男孩儿还是忘记了家的方向。焦急的奶奶返回来，紧紧拉住他的手，好像生怕孙子再次走丢了。

　　夏天的晚上,奶奶和孙子一起坐在小院里聊天。月光透过大槐树洒下斑斑驳驳的光影,夜虫在树叶和草丛里轻轻地弹唱。孙子一边吃着西瓜,一边问各种奇特的问题:"奶奶,我是怎么学会走路的?"奶奶想了想,笑着说:"真想知道?那我告诉你……"孙子听完后和奶奶一起大笑起来。原来竟是因为看见人家吃零食嘴馋,忘了自己不会走路,站起来,伸出手,晃晃悠悠地朝人家走去了。

　　好多年过去,孙子长大了,长得比奶奶还要高。奶奶终究没有抵得过岁月的侵蚀,面容一天天变得苍老,身材不再挺直,头发也已经变得雪白。可孙子仍然爱和奶奶坐在院子里聊天。宁静的小院儿里时不时传出欢快的笑声。

　　落日映照的天空下,余晖将路口依偎在一起的两个身影拉得很长。孙子紧紧地扶着年迈的奶奶向着远方走去。奶奶下意识地嘱咐着孙子,让小孙子别走丢了,却忘记了孙儿已经不会再走丢了。

梦中的我不完美

王梓钰

我是一个爱做梦的女孩儿，我喜欢倔强，喜欢冒险，喜欢尝试新奇的事物，在我的梦中我找到了自己想要的东西，我只能慢慢地去畅想梦中的美好。

在梦中我变成了一名旅行者……

在梦中我只身一人去游览祖国的名山大川。看那天空多样的白云，去畅想；游那危峰耸立的大川，去欣赏；划那散发着原始木香的小船，去游历；踏那柔软的青草，去享受；赏那孤洁的梅花，淡雅的兰花，坚贞的竹子，冷艳的菊花，去韵味……这一切都是那么的美好！

在梦中我像王维向往的那样，去欣赏山居中的秋暝。听那清泉流过山涧的潺潺水声，赏那明月透过枝叶间的柔和，聆听大自然的歌曲。清幽的山林中，我独自一人坐在被雨水冲刷过的美石上，睹大自然的鬼斧神工，如此的景色是我现在所没有见过的，我无比珍惜却稍纵即逝。

在梦中我与许多文人墨客有了心灵的沟通。我去聆听了白居易对人间世俗的感叹；我去体会了李白醉酒后流露出的文学情感；我与杜甫一起去寻找诸葛亮的祠堂；我理解了李清照别样的坚强与伤感，我很开心也很伤心，为什么一个人总要面临令人措手不及的境地呢？

梦就像多彩的泡沫，它十分的美丽绚烂，却又美得那么不真实。我想要去触碰它，却又害怕它破碎。我过得小心谨慎，因为无法变得像梦中那样幸福完美而忧虑不安，整日对自己的缺点"精打细算"。

可是直到有一天，我发现在温和的阳光下，道路两旁的植物盛开得异常美丽，我才明白原来真正的完美就是将自己的缺点变成令人刮目相看的优点。一棵草他也许长的很低矮，但因为这样他可以在大树的庇护下安逸的成长，尽管大树掠走了许多的养分，但它依然知足乐观地生活着，这样的日子不就是最完美的吗？

是啊，也许"不完美"即完美，既然完美很痛苦，那么为什么不尝试把缺点变成优点，乐观的"不完美"地活着呢？

也许梦中的我太完美了，生活过得太自由虚假了，丧失了生活中大树的"滤光网"，让我得到了太多阳光，失去了生活中的柴米油盐酱醋茶，让我太完美以至于让我失去变得独一无二的机会，生活也不会变得精彩。

拥有梦想是美好的，追逐梦想是可贵的，但是千万不要勉强自己，我认为在追逐梦想的过程中尽管我们遇到了挫折也应该是享受的而不是痛苦的。我们还年轻就多去实践吧，不要怕失败，寻梦需要过程，早犯错误就会早些觉醒。

不要以为只有在梦中你才会完美，梦中的自己也许也不完美。

我们的"班副"

崔 腾

又是他!我们的宝贝"班副",真是"冤家路窄",这世界也太小了吧!呵呵,连买本书都跟我往一块儿凑。

他身材高高的,两道浓眉下一双长得特别圆的眼睛,常闪烁着智慧和机敏的神采。

他活泼开朗,喜欢打篮球,我目睹过他篮球上的风采:站在三分线外,缓缓地抬起手,托起篮球,在空中划过一道美丽的弧线,手优雅地一挥。你可别被他蒙蔽了,说时迟那时快,篮球像一个炮弹,又快又准,飞了出去,只听"嗖"的一声,球已经应声入网了,不禁让观众大吃一惊。

他调皮捣蛋,言谈中也使人感到几分诙谐幽默,是我们大家的"开心果"。一次在补习班英语课上,"老霍"大怒,原因是我们贪玩,不认真听课,这下把她激怒了,把她气得五脏六腑都快炸了,来了一句:"我变,我变,我变个蚊子,叮死你。""开心果"后接:"我变,我变,我变个苍蝇拍,拍死你。"顿时,哄堂大笑,把"老霍"搞得哭笑不得。

他喜欢打闹,下课后喜欢和朋友一起玩耍,有什么开心事总要和朋友们一起分享,他对自己的"哥们儿"很够意思,如果谁受了欺负,他定会帮兄弟"报仇"。当然了,这份儿义气到是够。但总免不了"闯祸",他却不怕,在他心里"哥们儿"没事,即使闯再大的祸也没有关系。他对自己兄弟的真情打动了我。

他人气很旺。因为在班中身为班副的他,对我们班负责,跟老师、同学相处融洽。班副可不是好当的,上有老师、班委,下有各个同胞,哪个也惹不起呀!正是因为他有一颗对班级的责任心,能体谅老师的工作辛苦,能用恰当的方法来处理同学间的摩擦。从而赢得了老师和同学们的信任。看来,这班副当的还真可以!

这就是他。一个活泼开朗、调皮捣蛋的"开心果"。

"嗨!想什么呢?我都买上了,你也买呀!先走了啊,拜拜!"

阅读伴我成长

刘 泽

一日又一日，一年又一年，阅读已成为我生活的一部分。阅读的历程中，带给我的不只是身体的变化，伴随的更是灵魂的成长。

阅读一部佳作，会令我感慨万千；阅读一部巨著，会令我荡气回肠；阅读一部经典，会令我激情飞扬。试想一下，阅读时，那随风万里的油墨清香，将你带到芬芳天涯。你会走进大师的心灵，与大师圣贤对话，情操受到陶冶，智慧得以传递，灵魂因此而成长，一个幸福而光明的世界将会展现在你面前，你的人生会因此铺砌出一条五彩斑斓的路途。

阅读，不仅带给我心灵的震撼，更为我重塑了积极的人生态度。读完《鲁滨孙漂流记》不禁感慨鲁滨孙能把一个荒岛变成绿洲，使自己衣食无忧，同时让我领悟到要在逆境生存，就要乐观面对；《简·爱》教我坚持自己的信仰，不畏艰难一步步实现梦想；《飘》告诉我，态度决定一切，生活由自己创造；《水浒传》追溯着北宋农民无穷的力量，警示我唯有奋斗才有希望。

  阅读让我收获了灵魂的启迪。《钢铁是怎样炼成的》启迪我，一扇门为你关闭的时候，一扇窗为你打开；《老人与海》告诉我，桑迪亚哥老人没有被任何困难屈服，尽自己最大的努力与生活中的磨难做不屈不挠的斗争，最后取得胜利。他的"一个人并不是生来就被困难打败的，你可以消灭它，却不能回避他"这种永不言败的精神将会永远感动和激励着我们。

  《孟子》的"老吾老，以及人之老；幼吾幼，以及人之幼"，正是他的影响，人们才明白了人生的路该怎样走。《繁星》给我带来的不仅仅是作家冰心的才华，还有她的童心、爱、忠告与哲理。是呀，在书籍的指引下，我的灵魂和思想品质得到了成长与升华！

  书籍就像温柔如春雨润物，阅读它，我的心情不再烦躁，我的心灵变得洁净，我的心灵得以成长。

  啊，书籍，我的生活不能没有你！

花 开 花 落

毛若男

在我看来,他是一个与众不同的人。

我遇见他在一个夕阳西下的傍晚。那时,他在篮球场打篮球。豆大的汗珠从他的两颊滑落下来,太阳的余晖照着他,身影是那样的迅速敏捷,那真人版仿姚明打球就像一幅画,和太阳交相辉映。天真无邪的我猛然心动了。只感觉心花儿在"噼里啪啦"的绽放。

苍天有情,竟把他安排为插入我们班的转学生。老师还意外地让他成为我的同桌。看着他微笑着在我旁边坐下,心怦怦地活蹦乱跳着,说不出的惊喜撞击着甜蜜。他学习很好,一次奥数模拟考试他竟考了全班第一。身为数学课代表的我也才考了六十五分。但我似乎一点儿不为此所累,当每次他考的比我好,我都按捺不住心中的喜悦,总是不停地向别人炫耀,仿佛考好的不是他,而是我。隐约觉得心中的花骨朵儿骄傲地怒放着。

  我发现，我总是对他的言行举止注意甚多。甚至，我的心情也总随着他的改变而改变。他笑，我便快乐；他恼，我便惆怅；他和其他女生逗乐，我便气恼……难道这就是爱？可这种感觉是前所未有的，该怎么办？不，不可以！不可以喜欢他……但我终于还是向他表白了，他却只是淡然一笑。

  我才明白花开花落是有时节的，过早的开放只会过早的凋落。换同桌后才发现，阳光依旧灿烂，空气依旧清新，生活依旧美好。长吁口气，如释重负。

  挥挥手，告别昨天。我心中依旧给他留着位置，不过，是朋友的位置。感谢他，我的朋友，让我明白万物有时节——人也如此。

  那花儿又缩了回去，如故。

书籍，生命的甘霖

常佳玉

每个人身边都会有一两个朋友，但他们不能永远陪伴在我们身边，但是一个特殊的朋友却可以永久地陪伴着我们——书籍。

在我眼中，书有药也，善读之可以医愚。书，就像是我们的精神食粮，我们不仅要吃饭长大，还要读书长大；粮食哺育的是身体，而书籍哺育的是灵魂，一个知识与智慧不断增长的人，才是健康成长的人。

在我眼中，读一本好书，就仿佛和一位高尚的人谈话。"书中自有黄金屋，书中自有颜如玉。"读书可以塑造自己的人格；读书就是在聆听智者的教诲；读书将我们领向富有智慧的彼岸。是书，架起我们与高尚的人沟通的桥梁；是书，让我懂得了人生真理。

在我眼中，读书就恰似经历了人间百态。《红楼梦》

委婉忧伤，让我懂得了人间的无奈；《水浒传》悲壮感人，让我体会到忠义的内涵；《西游记》曲折离奇，让我感受到坚持才会成功，才能取得人生正果……读着它们，我仿佛经历了历史的风云，初尝了生活的滋味；是书，让我懂得了什么是美，什么是丑，什么是善，什么是恶。

在我眼中，书就像一盏黑夜里的启明灯，也是茫茫大海中的指南针。"墙角的花儿，当你孤芳自赏时，天地便小了。"这一首短短的诗，却点亮了心灵之灯，提醒我们要保持谦虚，不断积蓄自己的力量，让时光来沉淀自我，绽放最美的自我，才会取得最终的胜利。

过去的快乐时光，书籍一直陪伴着我，今后的光阴，我愿用一颗温暖的心，与我的这位朋友一起静候一窗静美，细听岁月的絮语。

今夜，无眠

曹 越

又一个不眠之夜。辗转反侧。

睁着一双焦躁而空洞的眼。无意中，眼角的余光瞟到了窗台上的那盆白梅——枯梅。

自从这盆白梅成为我家的一员后，她旺盛的生命长河，便逐渐干枯……

昔日雪白的花瓣，一片一片的萎缩，像一个满脸皱纹脸色枯黄的老人；她扑鼻的香气，慢慢淡化，似乎是被不知是谁的泪所覆盖；她纯白的大衣一点一点地褪去，换上的，是枯叶似的黄。她的生命被一种奇怪而强大的力量吞噬着。最终，那徘徊在干枯的枝头上的枯梅，滑落，滑落，落进了死亡的深渊。小小的躯体慢慢地画出一道道忧伤的弧线，似乎有些留恋，似乎有些不舍。

刚开始时，认为那只是花开花落的自然规律，当我发现含苞欲放的娇梅也被那奇怪而强大的力量所吞噬时,我绝望了——她没希望了。

月光映衬下白梅的枝干与仅剩的花朵,越发的苍白,凄凉。

忽而想起黄檗禅师《上堂开示颂》"不经一番寒彻骨,怎得梅花扑鼻香"。

难道是温度的关系吗?应该是的。

梅花本应该在严酷的寒冬中生存,而现在她却生活在温暖的屋中,她怎能活下去呢?

好比,人生。

一个人,如果他的人生平平坦坦,无风无雨,那么,他可能会沉迷于这"美好"的顺境,下沉,下沉,逐步走向颓废的深渊。此刻,他便成了最可悲的人。会后悔,但无济于事。

一个人,如果他的人生充满坎坷、风雨,到处都有挑战,这时,有两种可能:

一是成为身经百战、经天纬地的强者;

二是成为备受挫折与打击,一蹶不振的弱者。

顺境与逆境都可以毁灭一个人。

顺境是一种奇怪而强大但不易发觉的力量,而逆境是一种比顺境更强大的力量,他可以塑造一个强者。正如贝多芬所说,卓越的人的一大优点是:在不利与艰难的遭遇里百折不挠。豁然开朗的我伴着梅花走出卧室,把白梅搬进没有暖气的阳台,希望她会变好,可以活下来。

回到卧室,躺在床上,依旧思索。

又一个不眠之夜。辗转反侧。

但我明白了许多……

长路漫漫，愿你一切安好

掌 声

任润格

掌声是一种鼓励，让我们产生前进的动力。
掌声是一种肯定，让我们坚定前进的信心。
掌声是一种欣赏，让我们决定前进的方向。

——题记

掌声无处不在。在我们的学习生涯中一定得到过不少次掌声，或喜或忧，或笑或哭。下面一起同我来分享分享我的掌声吧！

镜头一：鼓励

我是一个吐字不清的女孩儿，上课我不敢举手回答问题，生怕一不小心说错音调，让同学们笑话。因此，老师们也很少提问我。今年我们的语文老师换成了一个实习老师。她每次让同学们回答问题时都是拿着学号薄念。每次她念的时候，我的心速都会加快，好比怀里揣着一只小兔子。"3——"老师故意拖长了音调，我的心跳顿时加快。心想：千万不要是3号啊！可是，"无巧不成书"，老师偏偏念中了3号。我慢吞吞地站了起来，低着头，脸蛋烧得通红，两只手不停地摆弄着衣角，不知怎样开口。老师似乎看出了我的疑虑："同学，没关系，大胆发表自己的见解。"我的心像吃了定心丸，用生硬的普通话回答了老师提出的问题。"我们是不是给这位同学点掌声呢？"同学们鼓起了欢快的掌声。我受到了一种无形的鼓励！

镜头二：肯定

我是一个意志不坚定的女孩儿。"丁零零……"伴随着一阵清脆的上课铃声，同学们开始背课了。正当我背得起劲时，同桌小明用笔捅我，并小声说："拿过来你的数学作业，我看看。"这……我犹豫了，到底要不要给她呢，不给她吧，伤感情。给了她吧，最终害了她。就在这时，老师过来了，她似乎看出来什么，给了我一种肯定的眼神，并就此在自习课上表扬了我，给了我一阵肯定的掌声。

镜头三：欣赏

美术课上，老师让同学们画素描，并且下课要交。我忐忑不安地交了。没想到，老师选中了我的作品，并把我的作品展示给同学们看，而且用欣赏的眼神看着我，说我很有潜力，给了我一阵欣赏的掌声。

在掌声中，我得到了鼓励。

在掌声中，我得到了肯定。

在掌声中，我得到了欣赏。

小小快乐

谷晓楠

也许有人因家境殷实而快乐,有人因甜蜜的恋爱而倍感幸福,有人因升官发财而开心,可我不想奢求什么。

一个人,静静地听歌。熟悉的旋律,因为设置了单曲循环,一遍一遍地重复着:动听,唯美,不会腻味。声音开到最大,偶尔会禁不住跟着哼唱起来,不受人打扰。有那些音乐的陪伴,整个世界都是自己的。心里浮现出淡淡的快乐,很满足。

一个人,静静地散步。步伐的节奏不需要别人的掌控,完全服从于自己。任意的:想走时,快一点儿,步子大一点儿;累了,就慢一点儿,步子小一点儿。就像在谱一曲纯音乐,随心所欲,想去哪儿,不用考虑其他人的意见。一个人,在公园的楼梯上反复地走着,上去,下来,再上去,又下来……没有疲倦,尽管额头有些湿了,丝毫不想停下脚步。不想荒芜属于自己独处的时光，很满足。

一个人，高兴了，咧开嘴角笑，没心没肺的做个"傻子"，伤心了，抬头仰望天，后知后觉的止不住泪，任它肆意地流。没有人看到自己的情绪任自己来发泄。静静地想自己喜欢的事，不必担心有人来打扰，很满足。

有人说，一个人很无聊，很寂寞。

有人说，一个人不知道要干些什么，很空虚。

可是，一个人不受打扰，活在自己的世界里，不用担心会有人和自己闹矛盾，会惹自己不高兴。完全活在自己的天地下，何尝不是一件很快乐的事情呢？

任世事纷繁，任岁月变迁，丝毫不会改变的是心底一抹淡淡的素净。

自己一个人，在安静美好的世界里活着，享受着属于自己的那份小小的快乐，怀念着属于自己的那份独家的记忆。

呵呵，看看我过年包饺子

闫柳露

"哟，好可爱的饺子哦！"一句话勾起了我的回忆。

小年下午，我和妈妈他们包饺子。包饺子前，妈妈先给我、姐姐和弟弟做示范。只见她拿起饺子皮，放上些饺子馅儿，还没等我们看清楚，就像变戏法似的将一只饺子包好了，那速度简直比刘翔还快！接着，她又拿起一张饺子皮，放上馅儿，给我们分步讲解，对一些关键点，她还特别提醒我们。我是个急性子，早就手痒了，也没有细心去听，就拿起一张饺子皮，放了一大块馅儿，开始包起来。我将皮一对折，在周围边上使劲一捏，一压，一个"胖娃娃"就诞生了，嘿，还真漂亮呢！可当我将它放进盘子时，却发现它的"衣服"上已经有了一个小洞洞。这怎么办呢，我不得不给它补起来，没想到那洞越来越大，越补越明显，我心慌意乱的，手一哆嗦，这个"胖娃娃"

便一下子掉到了水泥地上,变成脏兮兮的"土娃娃"。旁边的人见了,哄堂大笑,弄得我成了红脸关公,好不尴尬。

妈妈闻声赶来,问明原委后,她指出我的毛病所在,还特别强调了包饺子的几个要领。吃一堑长一智,我认认真真地按照她的指点重新包起来。这一回我果然不再出洋相了,而且包起来的速度渐渐快了。姐姐她们一个个包的也挺来劲儿的。姐姐包起来真在行,随着她那灵巧小手的不停舞动,一只只饺子就像一个个小精灵似的整整齐齐排在盘子之中了。淘气弟弟就是在包饺子时,也还是那副淘气劲儿。他拿起一张饺子皮,放上一些馅儿,说了声"我来做个'荷包蛋'",就又拿起一张皮,重合到刚才那张饺子皮上,再在四周压一压,一个'荷包蛋'当真做成了。正当他得意扬扬地让大家欣赏他的"杰作"时,不知哪个淘气鬼上前按了一下,那'荷包蛋'顿时变了形。"嘿嘿,眼睛一眨,老鸡婆变鸭,'荷包蛋'变成'芝麻饼'啦"弟弟这一句,逗得大家笑得前仰后合,把肚皮都笑破了。

饺子包好了,煮熟了,大家端起一碗热气腾腾的饺子,一边有滋有味地吃着,一边赞不绝口:"好吃,好吃!"

这时,我回过神来,过年包饺子时那温馨、快乐的场面,真让我陶醉!

老 妈 真 跩

张玲娜

看了这个题目,你一定充满了疑惑:哪有这样说自己妈妈的?我为什么用"跩"这个字来形容老妈呢?听我慢慢给你道来。

那是正月的某一天,吃完晚饭,爸爸的两个朋友来找爸爸打牌。爸爸笑着用哀求的眼神看着老妈,老妈笑里藏刀,恶狠狠地说:"玩吧,只能玩到九点,超时后果自负。"爸爸听后,兴奋得跑到东屋,支开桌子,拿出瓜子,又迅速拿起茶叶倒入杯中,再拎上水壶倒上水,摆好扑克。哇,老爸,真牛!

三人玩开了斗地主,不幸的是,老爸猛输,时间过得很快,吃完晚饭才六点,现在已经八点四十五分了,突然,妈妈开始头疼起来,于是,她便回西屋睡觉了。十五分钟过去了,已经九点了,妈妈还是头疼,这时,爸爸应该来见妈妈了,可是,妈妈等啊等,一直等到九点半还不见爸爸来。"这个死老胖,看他来了怎么收拾他!"边说着边拿出手机打东屋里的固定电话找爸爸,可是连打了几个都打不通。

再也躺不住了,气得她从床上跳起来,穿上衣服,蹬上鞋,连袜子也没穿,就直奔东屋去了,那架势快赶上刘翔了!到了屋里,妈妈不看不来气,越看越来气。她见爸爸还在手拿扑克斗地主,眼里火星直冒,瞪着眼,满怀深仇大恨地看着爸爸,脸上的肉都快拧在一起了,像要把老爸活吞了一样。说老妈火山爆发一点也不夸张。只见爸爸低着头,不敢看老妈,这时,老爸的两位朋友也看呆了眼,目瞪口呆的他们连手中的牌也掉到了地上,显然是被老妈吓坏了。

听,什么东西断了,哦,"原来是电话线被拔断了,"爸爸说:"什么?"爸爸这时才反应过来,看那拔电话线之人正是老妈。拔断了电话线,老妈气势汹汹地甩门而去,又回到了西屋继续睡觉。

老爸的两位朋友又是吓得不轻,他们二人立刻放下牌,结结巴巴地说:"我……我们……不玩了,我……我们要……回家,咱……咱们改天再……再玩。"话刚说,便没了人影。

这一走,只剩下孤军奋战的爸爸,没办法,谁让老妈是一家之主呢,爸爸只好去向妈妈认罪,又给妈妈敲了敲背，揉了揉肩，捏了捏脚，掐了掐头，妈妈这才饶过老爸。唉，可怜的老爸！

目睹完全过程的我，不禁对老妈心生敬意。老妈不说一句话就能把那二人吓得逃跑，还能让爸爸乖乖认罪！老妈，你真是帅呆了，酷毙了，简直无法比喻了！

老妈，你真跩！

雪

檀鹏远

  冬天来了，那让人陶醉的自然就是雪景。

  也不知什么时候，雪纷纷扬扬，飘飘悠悠地从那令人神往的天空中落了下来，那瑰丽的六角花瓣，烟一样轻，雨一样润，云一样白，悄悄地落在了大地上，为大地母亲盖上了一层棉被，放眼望去，整个世界白茫茫的，犹如一个冰雪王国。

  落光了叶子的树枝上挂满了亮晶晶的银条，屋檐上有一条玲珑的花边，天和地的界线并不是那么清晰，都是白茫茫的一片，屋檐旁有一棵柳树，雪她好开心地为柳树披上了一件白色的纱衣。

  外面，那风还在吹着，丝毫没有减小的意思，初雪又小又稀疏，随着风力加大，雪也越下越大，似有吞噬一切的意思，它们形成了一张巨大白网。漫天飞舞的雪花阻塞了道路与交通，压断了树枝，与一开始的柔情，形成了强烈的反差，你要是在路上走一会儿，绝对会变成一个大雪人。可孩子们却异常兴奋，男生打雪仗，女生做雪人，玩得不亦乐乎，脸手冻得通红，可他们却浑然不觉，依然沉醉在他们的世界里，仿佛其他事情都与他们无关似的，直到天黑之后，所有人才依依不舍地回家，那眼神，仿佛是在回味今天发生的所有乐趣吧！

大雪过后，又是一片柔和的情景，所有的人员都大出动，开始加入扫雪的行动，不一会儿，便把周围的雪全部扫开，"动员"过后，周围的景物仿佛是一件无瑕的"水晶"工艺品，不管谁看了，都不忍心破坏。

雪给人们带来了喜悦和希望，诗人画家赞美你的美丽和纯洁无瑕，农民伯伯赞美你给他们丰收的希望，孩子们赞美你为他们创造了广阔的娱乐天地，雪，你是那么的纯洁无瑕，是真美的化身，是冬天落入人间的精灵。

家庭趣事

郝 磊

那是一个炎炎夏日的中午，爸爸妈妈都不在家，这便为我提供了中午"作案"的机会。

那天中午，我的"鼠胆"便大了起来，从容地打开电视，津津有味地看起来，嘴里还吃着妈妈准备的美味佳肴。正看得高兴时，"咔嚓"一声门响把我吓坏了，从门缝一看：完了，是爸爸回来了。我立刻、马上用最快的速度关闭电视，放好遥控器，把布罩上，最后把"案发地点"恢复成原来的样子。我这才松了口气。

就在这时，爸爸推门而入，我赶紧假装没事人似的，坐到桌边，吃起饭来。爸爸瞅了我一眼，问："你是不是看电视了？"我急忙说："没有呀！你有什么证据？可……可不能冤枉好人呀！"爸爸开始寻找我的"罪证"。这时，我的心像一只兔子似的，怦怦直跳，怕得要命……"找到了"爸爸一声大叫，把恐慌的我吓了一大跳。原来，爸爸对电视机的尾部一摸，后面直发热。爸爸像个物理学家似的，骄傲地对我说："凡是机器，使用后，都会产生热量，电视机也不例外。如果你没有看过电视，电视机后面怎么会发热呢？"我被爸爸问得哑口无声，又气又恼地坐下来。但我也不得不佩服爸爸的机敏和知识的渊博。

爸爸又意味深长地说："我们不让你看电视是因为看电视伤害眼睛，所以你还是少看点吧！"我笑眯眯地回答："下次一定少看点儿！"

怎么样，同学们，这件事是不是非常有趣呀！

水 仙 花

张 阳

去年初冬,爸爸买来一盆水仙花,把它泡在一个圆形的浅缸里,放在阳台上。

水仙像个洋葱头,顶端有三四片叶子,只有三四厘米高,"洋葱"的根部有些白色的须子,像老爷爷的胡须一样。爸爸为防止它倒了,还在上面压了几块鹅卵石。

不多久,水仙就开始萌发了,它长得很快,不几天,就长到一尺高了,叶子青翠欲滴,挺拔直立,像一把绿色的剑。一天早晨,水仙花抽出了一根花茎,花茎上长出了三个像小扁豆一样的花骨朵儿,外面还包着一层薄薄的透明的皮儿。渐渐地,花儿顶破了外面的皮,外层的花瓣向外伸展着。但里面的花瓣还紧紧地合拢在一起。

在春节前夕,它展开了笑脸,整朵花儿全开放了,雪白的花瓣,中间是金黄色的花蕊。一阵微风吹过,水仙花翩翩起舞，还散发着阵阵清香，花香里还带着一股淡淡的甜味。

从远处看水仙花，碧绿的叶子衬托着雪白的花，显得那么秀丽、淡雅、亭亭玉立，怪不得人们叫它凌波仙子。

水仙花不畏严寒，把它优美的身姿和芬芳无私地奉献给了人们，给人们带来了快乐。

我家的"小魔王"

樊雨欣

"哎哟,我的天呐!我的'小魔王',你可别闹腾了,快停下!"

我不由得向弟弟嚷道。没错,上边说到的"小魔王"就是我的弟弟。他有一双乌黑发亮的大眼睛,小小的鼻子,小小的嘴巴,机灵的耳朵,可爱极了。为什么说他是"魔王"呢?让我来说几件他的"魔王"事吧。

首先他跟我抢食的事吧。他呢,是个典型的"吃货"。别看年龄小,那吃饭速度可不差,饭量和武松有一拼,一碗饭都不够他吃的。遇到妈妈为我们做好吃的,我从来没有占过上风。瞧,他又开始和我抢食了,三下五除二把自己那份吃个精光,又来抢我这份,我不给,他就"一哭,二闹,三报告"。再不奏效,就上手抢,人不大,身手还挺敏捷,滋溜一下就抢了过去,再看看他那得逗的"奸笑",我也只能是哭笑不得。

再来说一下他的"怪癖"——爱打人。他就喜欢拿他那双不大的手,往别人背上打,虽然对我们来说不疼吧,但我有时仍有种想痛打一顿他的冲动。不是讨厌,大概是条件反射吧,每当有这种冲动时,我都会压制住,因为我总是想:小孩子嘛,犯点错误难免的。不过这次,他连打了我好几下,而且是在手特脏的情况下,哎哟,我的天呐!我的衣服上不一会儿就伤痕累累了。我再也控制不住地打了他一下,那滋味甭提多痛快了。不料他一脸委屈地去找妈妈告状,妈妈自然批评了我一顿,我是"哑巴吃黄连,有苦难言"。又望见弟弟那"嘚瑟"的脸,很想再抽他一顿。想想刚才,只得忍住。

最后再说说他有多调皮。一日,他没安好心地说:"姐姐过来坐,我给姐姐吃好吃的。"我觉得有猫腻,但也没多想。果然,我坐下的一瞬间,他把凳子猛地一抽,我的屁股就和地面来了个亲密接触。果然是一场蓄谋已久的"阴谋"。刚想去"教训"他一下,妈妈就过来了,我只好忍住了。

哎哟!我的天呐!我这个弟弟真是令人爱恨不得,他时而可爱,时而可恨,真是拿他没办法!

哎呀,这个让人疼让人烦的小魔王!

爷爷,从未走远

梁 芊

有的人,无论多么遥远,即使隔着千山万水,哪怕隔着生死,也扯不断缕缕思念。

一滴滴泪水落下,是我思念的泪;笔尖划在纸上,触到了心底的痛。飒飒的秋风吹来丝丝凉意,纵然万般不舍,留下的,也只有落黄满地了。凉风阵阵,双手交握,满手冰凉,我不由得想起了他——我的爷爷。我时时觉得,爷爷从未走远!

小时候,我常拉着爷爷,丝毫感受不到他手上的沧桑。我常常把小手放在他暖暖的掌心里,和他一起,坐在屋顶上静静看白云、看飞鸟,偶尔也看他干活儿。看他将瓜架一根根搭好,看花儿开满小院,看他含着笑摘了一根又一根丝瓜,一个又一个南瓜。好多瓜在房顶就被爷爷送人了,后邻的叔叔,隔壁的阿姨,都夸爷爷种的瓜好。

每月逢五逢十，城边会有集市。所以每隔五天，我放学后都会跟爷爷去一趟集市，买回各种水果、零食——全是我爱吃的。我从来都是兴奋地去，快乐地回，像一只飞来飞去的小鸟；爷爷从来都是牢牢地拽着我，步履不稳的紧跟着我。

秋风起来了。

下小雪了。

过年了，一切依旧。

只是爷爷的皱纹越来越深，头发越来越白，脚步越来越蹒跚，常常趔趄着落在我后面……

那是一个冬日里难得的大晴天，早晨，我照常去上学了，楼顶上有乌鸦凄凉的声音丝毫没有影响我的心情。然而下午的时候，妈妈急匆匆地到学校给我请了假，骑车带着我一路狂跑回了家。躺在床上的，是我的爷爷。瘦可见骨的脸，花白的胡子根根翘着，鼻子上插着长长的氧气管，枯瘦的双手侧放在身体两侧。他就那么安静地躺着。我悄悄地来到了他身边，心想着他大约会像往常一样突然弹弹我的脑门吧？可是奶奶在一旁小声地哭泣，让我意识到爷爷和以前不一样了。妈妈红着眼睛，强忍着泪水，紧张地和邻居们给爷爷梳洗，理发，穿上异样的衣服。我这才恍然明白：爷爷没有了。可是爸爸还没有回来，爸爸是医生。我想到希望，瞬间却又失望了。感觉心里的什么东西碎了，像一根弦"嘣"的一声断了，碎成了粉末。我使劲抓着姐姐的手,小声嘀咕着:"这不是真的。"满院的白纸,成堆的花圈,一个在心里哭泣的孩子,两行看不见的泪水……我的爷爷没有了,救护车拉着他,送回了老家。这个县城,他再也回不来了……

我的爷爷去世了。回到县城的家,感觉屋子里空荡荡的,但是又觉得哪里都有他的踪迹,沙发的扶手,深色桌子的边沿,每个墙角都有他……我用手抚摸着爷爷病历卡上的照片,想着爷爷告诫我的话:"芊,要好好上学啊!好好念书,才会有出息……"

几片黄叶随风打着旋儿掠过窗子。又高又远的天空里,几行雁字渐飞渐远。我的爷爷,会在那风的来处,雁的去处吗?想到这里,我不禁握紧了手中的笔。

那个人,无论远近,仿佛总在身边;那些事,不管大小,始终留在脑海;那份情,真挚浓烈,时常温暖心田。我的爷爷,从未走远……

家有"小太阳"

安梓漫

几年前,妹妹犹如一个小天使,降临到我家。她的到来就像温暖的阳光照亮了我的天空,从此,这个家每天都是晴天,再无阴霾遮挡。

当妹妹被里三层外三层地包裹着抱回来时,我的心中油然而生一份幸福感和责任感:我当姐姐了!太想看看我亲爱的妹妹了,于是我蹑手蹑脚地进屋了。本以为她"貌美如花",但我却被眼前的模样吓呆了:皮肤黑里透着红;眼睛一条缝,一直不见睁,没有睫毛,没有眉毛,光秃秃的;小小的鼻子上爬满了小白点,好像一窝密密麻麻的白蚂蚁。啊!我惊叫一声,逃也似的出了卧室。我一把抓住爸爸的胳膊:"爸爸,爸爸,这个孩子是你们亲生的吗?怎么像个小怪兽!把她送走!"爸爸听后哈哈大笑,对我说:"漫儿,你别看她现在不好看,但女大十八变,会越变越好看的，再说你小时候还不如她呢！"哦？真的吗？那就暂时不送走了，静观其变吧！

　　转眼间一年过去了，贝贝（妹妹的小名）真的是越变越好看。黑色一层层地蜕去，现在她的皮肤像雪一样白，娇嫩得恰似刚开的花朵；小胳膊胖胖的像一节节的莲藕。她走路还不太熟练，走起来摇摇晃晃的，好像摇摆的小鸭子。牙床上冒出来四颗小白牙，开始学说话了，也不知她跟谁学的，用她那种特别的声调说出来，像在讲笑话，常常逗得我们捧腹大笑。即使在陌生人面前，她也不害羞、不拘束。人家叫她唱歌，她就用她跑调跑到天上的嗓音唱，大家边哈哈大笑边齐齐鼓掌。

　　贝贝越来越大了，因为见识了很多老二的刁蛮、霸道，我早早就开始做心理准备。可是贝贝和我的关系却特别好，什么东西都和我分享，即使是她的最爱，她也愿意分给我一半。一天放学回家，累得我一屁股坐在沙发上，闭目养神，可是许久听不到贝贝的笑声、吵闹声，惊奇的我睁开了眼睛搜索，目光所及之处没有发现目标。起身，找了好几个屋子，最终在厨房里找到了，她踩在一个凳子上，正踮起脚拿橱柜里的蛋黄派，见我进来她赶紧递给我一个，还说："姐姐，快吃吧。"顿时一股暖流涌上心头，眼眶竟湿了，我一把抱住她："谢谢贝贝，你真是姐姐的小天使。"看，贝贝多么懂事呀！

　　即使生病，贝贝也能给我们带来快乐。幼儿园放假了，可怜的小贝贝却发烧了，连烧了三天，一度烧到了四十度，这可把我们一家人急得团团转：又是喂药，又是推拿，当然还找医生诊治。好在第四天，她的烧退了，贝贝也恢复了往日的活力，叽叽喳喳、活蹦乱跳。"妈妈，我要喝酸奶。"

"贝贝刚好，明天再喝，好不好？"

"不，妈妈，我好了，我好了！"贝贝着急地说。

我插了一句："贝贝好了，那明天去幼儿园上学吧。"

一听这话贝贝赶紧说："不，我没好，我没好。"哈哈，可爱的妹妹，你上当了！

贝贝，自从遇见你，我的世界满是阳光，感谢有你！

优良家风伴我成长

齐宇煊

俗话说得好：无规矩不成方圆。从曾子杀猪到孔融让梨，从颜氏家训到岳母刺字，好的家风承载了祖祖辈辈对后代的鞭策，对后代的希望。

就从我姥爷的家风说起吧，姥爷兄弟三人要分房，在我的老家有一处旧房，还有一处刚盖的新房，姥爷在三个中最大。他想："老三最小，又要照顾母亲，把新房分给老三吧。"但三姥爷不乐意了，他说："我和妈都在旧房子里住惯了，不想到新房子里住。"姥爷就不勉强他了。然后姥爷想把新房分给二姥爷，二姥爷也拒绝了，原因是因为他在北京有房，把新房分给他也没什么用。新房只好给姥爷了。然后姥爷说："老三住着旧房，还要照顾母亲，我们筹点儿钱给他，让他在城里买套新房。我是老大我多出点儿。"就这样分家的事敲定了。家，虽然分了，但大家的心还在一起,每逢过节大家都热热闹闹到三姥爷家里吃团圆饭。到了我母亲这一辈,大家一直互相帮扶,共同照顾父母。

"和"便是我家的家风之一。

"勿以恶小而为之"这也是我家的家风之一,在一次郊游的过程中,闲着无所事事的我,观赏着唯美的景色。"呸"的一声,一口痰从我的嘴里吐了出来,这时妈妈听到了声音,严厉地对我说:"你怎么能随地吐痰呢?你知道吗?环卫工人每天早出晚归、披星戴月,一年三百六十五天,连一个假期都没有,非常辛苦。我们应该珍惜他们的劳动成果,从小事做起,不随地吐痰,不乱扔垃圾,'勿以恶小而为之'啊!"听了妈妈的话,我赶紧拿出一张纸巾,把地上的痰擦去。那次后我又明白了一个道理:在生活中,哪怕是一件微不足道的事情,只要影响到别人,就坚决不能去做。

好家风滋润了我。它使我懂得"家和万事兴",同时它也使我成为一名积极向上、文明礼貌的阳光少年。我希望我家的家风能世世代代传承下去,中华民族的传统美德能够世世代代地传承下去。

小郊老师

张 雨

春风复多情。午后的阳光懒懒的斜照在课桌上，暖意融融。又是一年三月春，杨柳依依，万物复苏，我又想起了那位让我如沐春风的老师。

她之于我，仿若一首词的遇见。

把酒祝东风，且共从容。她是个温柔善良的女子，笑起来眉眼弯弯，特别好看。她有着令人叹服的才情，让我们不禁怀疑起这位女子真的是我们的数学老师吗？初见时，我着实匪夷所思了好一阵，后来我才知晓，她酷爱钻研难题，也很聪明，所以选择了数学这门学科。因为她年轻活泼，所以我们都亲切地称她"小郊老师"。

此中有真意，欲辩已忘言。那天也是一个慵懒的午后，小郊老师正站在讲台上认真地向我们讲解一道数学题，我在下面一边打瞌睡一边想，她讲起题来还真像个孩子，找不到最简单易懂的方法不罢休。眼皮开始打架，大脑也不受控制，思绪早已飘回了家中柔软舒适的大床上。正在我准备与周公幽会时，小郄老师突然叫了我的名字。我猛地一抬头，慌忙地站起来，暗自担心老师会不会问我题。她云淡风轻地问我刚才讲的题听懂了没有？我有些张皇失措，瞥见同学们盯着我的眼神，无奈之下，心虚地点点头。

若似月轮终皎洁，不辞冰雪为卿热。放学后，她让我去办公室找她。在办公室门口纠结了好久，最后下决心小心翼翼地推开门张望着，她打手势示意我进来，莞尔一笑："来，坐到这儿。我把上课讲的题再给你讲一遍，这次可要好好听哦。"先前的忧虑害怕全都烟消云散，那一刻，我觉得她的笑就像三月的暖阳，让人心生温暖。

多情自古伤离别，更哪堪，冷落清秋节。有些事注定不可避免，比如暗下去的夕阳，比如亮起来的黎明，比如遇见，再比如离别。

如果可以，我还想在阳春三月一个明媚的午后，捧一束百合花，献给我亲爱的小郄老师。用那天她亲切温柔的语气，道一声"谢谢"。

我从她身上学到坚持

李会宁

有人会问,那种特别爱学习的不都是书呆子吗?当然不是。她作为一名学霸,不仅专注于学习,还经常参加各种社交活动。更令人称奇的是,她即使参加各类活动,也丝毫不会影响学习。

这还是归功于她的刻苦和勤奋。她时间观念非常强,每件事都会事先计划好,有条不紊地去做。她酷爱阅读,一有时间就会捧一本书读。不管是四大名著、科幻小说、百科图书还是古典文学,她都爱看。她对学习也极其认真,笔记本、课本上都是书写工整的字迹,我曾无意间翻看过,每本都是,无一例外。有次我和爸爸坐车回家,夜早已深了,街上四下无人,学霸的书房依旧亮着橘黄的灯光。

闲下来的时候,她喜欢看美剧、听英文歌。她不像现在的中学生一样喜欢聊天,她说那些很无聊也没意义。作为她的好友,她的所作所为也时时刻刻激励着我努力学习。当我放纵自己去娱乐去玩游戏时,只要想起她专心致志学习的背影,就会主动拿起笔继续学习。

冰冻三尺非一日之寒。她的优秀成绩和各方面才能的出众不是天生的,也不是一两天能一蹴而就的,而是她每天勤学苦练造就的。可见,我从前那种三天打鱼,两天晒网的样子是不配成功的。

学霸没什么了不起,只不过是稍微能够坚持的普通学生,只要能和她一样对学习坚持不懈,每个人都能成为学霸。

如果别人说难,就畏惧,知难不敢进,就注定被难倒;即使知道难,也不畏惧,敢于挑战,并坚持下去,就会有大收获。

那丛月季花谢了

展静然

石子儿框中的月季花呈现出淡淡的粉色，一阵风抚过，将香气扩散到院子中的每一个角落。一片花瓣随风飘散在空中，仿佛看尽这院中的所有繁华；花朵好像对着院子呢喃着什么；最后，它将整个身体伏在泥土上，任凭风吹雨打；终将会有一天，它会将整个身体融入泥土，渐渐地消失，慢慢地被人所遗忘。

还记得那个燥热的暑假，屋外的蝉正在大声倾诉着对天气的不满，屋内的风扇吱呀吱呀地转着，书页在我的指尖划过，我猛地抬起头，隔着白色的镂空门帘看着外婆。刚从田间回来的外婆，带了一顶白色遮阳帽，一件短袖的格子衬衫露出了她的健壮的手臂。外婆站在花丛旁，看着花朵慢慢地说着什么。我当时一脸好奇地看着外婆，她摸着我的头，告诉我，花儿，也是有心的。

我当初还小，现在想想那时真的是不懂事。那时的我总是喜欢到奶奶家去，或许是因为那儿有一同玩耍的伙伴，有香甜可口的雪糕。尽管和外婆家并没有多远的路程，我却总是能找到一个个不成文的借口搪塞过去。

　　一次，外婆特意到奶奶家接我，我表现出很为难的表情，并没有跟外婆走。我依稀的记得，外婆站在奶奶家的门口沉默了许久，想要说什么，却只是动了动喉咙，没说话。

　　那个冬天的上午，妈妈红着眼睛，木然的用钥匙打开了门，我一瞬间不知道发生了什么。第二天，姐姐把我带回了老家。天气始终都是雾沉沉的，刚走到院内，我就听到屋内传来了穿透心脏的哭声，门口的阿姨和姐姐小声说了什么。我就被姐姐拉进了屋内，妈妈依然红着眼，坐在窗边。病榻上的外婆已经昏迷，死亡窒息着每一个人。我挣脱姐姐的手转身离开了那个令人压抑的房间。抬眼间，我不经意间看到了那丛月季花，它呈现出枯萎的淡紫色，干巴巴的，完全失去了昔日的光辉。

　　那天，我才明白：花儿，真的是有心的。我想我不会忘记那个院子，那个被石子儿围成的花丛，那朵朵枯萎的月季……

长路漫漫，愿你一切安好

朱静之

　　窗外一簇簇雪懒懒地躺在瓦房上。不知不觉间今年第一场雪，竟这样悄悄走过，看着窗外被雪压折的树枝，早已失去昔日的辉煌。休假的叔叔发来了家乡的雪景，隔着手机屏幕似乎都能感到一丝丝寒意。看着屏幕上快速驶过的大巴，竟想到了一位故友。

　　那是一个久违的盛夏，漫天飞舞的蜻蜓正在诉说着夏天的炎热。那时的我在一位婶婶"喋喋不休"的"唠叨"下，试图用竹篮网住横冲直撞的蜻蜓，可终究只是徒劳，把自己都快转晕了也没有一丝成功的迹象。身后猛地传来了爽朗的响声，我黑着脸叉着腰向后望去，却看见了一双浅棕色的眼睛，正透过那层刘海看着我，还有那乱蓬蓬的头发，那头发向各个地方伸展着，像是在躲避发圈的束缚似的，发圈确实试图将它们绑在一起，但完全不起作用；

她正半攥着手强掩着笑。正想质问她为什么笑的时候，婶婶一把将她拉过，满脸笑意地看着我说："这是小墨，如果你想捉蜻蜓，可以找她帮忙哦。"我正满脸怀疑地看着她时，她猛地从婶婶的手中挣脱，笑着拉着满脸困惑的我跑开了。

来到了河边，她满脸不解地看着我说："你为什么要捉蜻蜓呢？蜻蜓既不能吃又不好玩，有些蜻蜓还会咬人。不如捉知了吧，虽然叫声不太好听，毕竟会叫。"她的这一席话令我瞬间无语。我们的友谊就是在这句不知所云话开始的。

小墨的性格，如果用近年流行的词形容应该就是蠢萌中还略带点呆。小墨曾在春末夏初时说我们要在一起看雪。但在一个布满繁星的夜晚，小墨剪掉了自己乱蓬蓬长发，很认真地看着我说："我要去追求我的梦想，明天就离开……"

那晚，我竟一时哽咽，我们也并没有说太多的话，只是默默地想着自己的心事。第二天，小墨坚定地踏上了离开的大巴，我呆呆地看着大巴消失在蜿蜒的山路间，欲哭无泪。自那之后，我们便断了联系。而我，也只有在这雪后冬夜，在心中默念：长路漫漫，愿你一切安好。

有一种色彩属于我

读书原来如此快乐

于佳琳

读书是美妙的。

小时候,总是对书有一种奇妙的感觉,尽管还不识几个字,我也总是缠着妈妈给我买卡通图书、连环画、小人书……各种各样的,我几乎都读过。总是让妈妈读着故事书,我渐渐入睡。

在学校里,老师给我们讲古诗、成语,书的丰富内容让我惊讶,更多的是喜悦,我又有了新的"食物"了。我迫不及待地想要探求和掌握,于是,我读书的能力又进一层,我高兴不已。

转眼,那些童话、漫画书已不能满足我的需求,我又有了许多中外名著,如饥似渴的读了起来。我找到了真正适合现在的我的书籍。

我细品《三国演义》,折服于诸葛亮舌战群儒的风采；我细探《福尔摩斯探案集》，书中的情节出人意料，惊险不断，令我惊吓连连，猜测着阴谋掩盖着的真相；我细赏《飘》，感慨身处南北战争美国动乱中主人公们之间的真实的爱情故事；我细读《巴黎圣母院》，看透了人物的悲惨命运和人心的丑恶良善……我深深地融入书中的世界，看到主人公们所经历的悲欢离合，感受到他们的喜怒哀乐。

当心中烦闷抑或是受到创伤时，我总会手捧一本书，立于窗前，一手端杯清茶，感受着迎面吹来的清爽的微风。我仿佛站在书中的世界，一切好像静止了，只有口齿间茶的淡淡清香。每当这时，心中的烦闷就会一扫而空，心中的伤痛被美妙的书籍轻轻抚平。

当然，想要真正读懂书，就要用心体会，用心理解；就要完全融入书中，体会作者的情感。

我用心地读书，而它也让我收获颇丰。读书使我的情感细腻了，知识丰富了，视野开阔了，品位提升了，给了我许多轻松快乐。

书是美妙的。书的力量是神奇的，我从书中收获了快乐。

听，雨珠儿在说话

王 芳

春雨淅淅沥沥，如缕如丝般飘落大地，织成了一张无边的绿茸茸的地毯，整个大地变得一片嫩绿。

雨雾弥漫，雨珠儿串成一个大珠帘挂在天地之间。可爱的小燕子在雨中穿来穿去，似乎想用剪刀似的尾巴剪断那晶莹剔透的雨帘。

听，滴答，雨珠儿落在河面上，平静的河面上泛起微波粼粼的涟漪。机灵的鱼儿跃出水面尽情地与雨珠儿嬉戏。

听，滴答，雨珠儿落在田野里，惊醒了正在熟睡的种子，种子伸了个懒腰，揉了揉蒙眬的睡眼，用尽全身力气钻出了地面。

听，滴答，雨珠儿落在房檐上，像一个个欢快的音符，谱成了一曲又一曲轻快的乐曲，在天地之间开始了自己的欢乐颂。

听，滴答，雨珠儿落在人们的心坎儿上，一位满头白发的农民老伯站在雨中，任凭雨珠儿落在他花白的头发上，他闭上眼睛，嘴角露出一丝满足的微笑，想象丰收的那一天。

春雨来了，她告诉我们春姑娘已经向我们翩翩走来；

春雨来了，她让大地变得生机勃勃；

春雨来了，她让花草和泥土经过她的润湿，散发出沁人心脾的芳香；

春雨来了，她让我们萌生起希望！

给爱一个温暖的视角

梁丽娟

流星划过黑色的苍穹,转瞬即逝,而生命在延续,爱在蔓延。

——题记

时间的指针在一圈圈地画弧,记忆被裹上了一层层面纱,但你对我的爱,永远为你保留,永远在我心中。

众里寻他千百度

小时候,父亲总是那么疏远,他从来不像其他人的父亲那样宠孩子,相反,他总是那么严厉,他好像天生有一张严厉的面孔,总是不苟言笑。他对我的要求十分严厉,使我不敢与他亲近。小时候,我好像总是缺少父爱。

现在，我写作业总是要写到很晚，当我埋头苦读时，父亲总会悄悄地给我放上一杯热牛奶，让我补充营养；给我铺好被褥，让我能早点儿休息；也总会在我睡着之后，给我轻轻地盖好被子。他还会每天早上轻轻地敲门，叫我起床；叮嘱我路上小心，上课认真听讲。

这时，我突然发现，原来，我并不缺少父爱，而是不懂得去感受父爱。

灯火阑珊人未眠

一次期末考试时，我的成绩十分不理想，成绩下降了很多。父亲看了我的成绩单之后，很生气，他说："我觉得你有必要制订一个以后的学习计划了，再这样下去，你就真的赶不上别人了！"说完，父亲转身回了书房，开始忙碌了起来，直到深夜。

第二天早上我起床后，发现自己的桌子上多了一份学习计划，父亲写得十分详细，密密麻麻地写了整整三页，把我的各个学科都安排得妥妥当当。看着这份学习计划，我好像看到了昨晚父亲在灯下忙碌的身影。我便暗暗下定决心，一定要好好学习，不让父亲的这些辛苦都白费！

衣带渐宽人渐瘦

按照父亲的学习计划,我的成绩上升并且比较稳定。但是这时的我正处于叛逆时期,偶尔也会和父母发生争执,等我冷静下来后,仔细想一想觉得父母真的很不容易,便开始后悔自己的行为。看着父母不再像以前那么年轻,我鼻子一酸,眼睛里的泪水开始打转。

回想走过的风风雨雨,父母为我付出了多少?他们也会慢慢地老去,所以现在我们更应该好好学习,应该明白他们的良苦用心!

其实,我们身边到处是关心我们爱护我们的人,我们并不缺少爱,而是应该给爱一个温暖的视角,用心去感受爱!

随 意 门

郭春月

大家都看过《哆啦A梦》吧,哆啦A梦有一扇神奇门——随意门。无论你想去世界上的哪个地点,只要在开门的时候想着那个地方,一打开门便到了。是不是很神奇呢?

有时,我也想拥有一扇这样的门……

假如我有一扇随意门。我会到美丽的森林王国中去探险。呼吸新鲜而清新的空气,感受大自然的气息,在清澈的小溪边与蝴蝶起舞,拨水击石,倾听自然的音乐。在鲜花盛开,绿树成荫的地方,在蓝天白云下,在明媚的阳光中,与小鸟歌唱,与童话中的芭比公主起舞,参加王子的舞会。我会在明净的夜空下,数星星,看银河。

假如有那样一扇门,我会到夏威夷海滩捡贝壳,留下我一串串可爱的脚印,我还要把贝壳做成项链挂在我的床头，我还要到海里游泳，与鱼为伴，与鸥为伍，尽情在这蓝色的童话世界中畅游，玩耍。在这纯净的世界里，唱着美人鱼的歌，倾听海风的音乐。海，美丽纯洁的海，梦幻般的海。

我要有那样一扇门。我会专心用意念让它把我带到童话的世界里。白雪公主，小矮人在草地鲜花丛中，向我招手，小鲤鱼也在一个劲儿地吐泡泡来欢迎我，还有善良的灰姑娘，芭比公主，神通的天眼甜筒……神秘的夜空中，星星像宝石一样闪耀，银河像一条银丝带悬挂于空中，月光如水，泻在下面这个美丽而充满生机的世界上。我们在草坪上，大树旁，在举行着盛大的舞会。我还要和我如此多的童话朋友们来一次探险，童话之旅。

随意门，真的好美好美。那就是我无数个美丽的梦编织而成的门，它是我的心灵之门，是我的梦想之门。只要是一切美好的事物，我的门都会随时敞开。

我的前后左右

王梦洁

一抬头，又与前桌的眼神交汇了，她那水汪汪的大眼睛清澈得如泉水，与她对视，我的心就像被冲洗一般，格外清凉。我的前桌是班里的学霸，这可是大家公认的，有时我真怀疑她是否与牛顿和爱因斯坦有血缘关系。"别人都在玩，你却一直低头学习，难道不累吗？"我十分好奇地问她。"怎么会累呢？学习是一种乐趣，它带给我无尽的欢乐。"她淡淡地答道。听了她的回答，我的鸡皮疙瘩全起来了。我也不得不低头看书。

向后转，怎么没人，哦，原来在那儿啊，不过，她怎么又跟别人吵起来了，你看，她头上的火冒了三丈高，仿佛要把对方吃掉。我的后桌对待许多人就是这样，不过对待我，就要雨转晴了。不管我怎样戏弄她，她都不会生气，并且还会给我一个美美的笑容。她与我交谈时，声音总是十分温柔。但我也希望她能多对别人笑一笑！

　　向左转，是我的同桌。她可是蜜蜂的好朋友。值日的时候，总能看到她忙碌的身影。你这样卖力，我都不好意思歇着了。

　　我的右桌可是一个"艺术家"，她最爱画画，想象力是无与伦比的丰富。下课铃一响，她就会拿出一支笔，拿出一张纸，手一挥，就是一幅美丽的画。她练习画画也有五六年了，坚持不懈的精神在她身上发挥得淋漓尽致，我也要甘拜下风了。

　　我旁边的四位同学就像上帝派来的天使，时刻提醒着我，陪伴着我度过幸福而又艰苦的求学岁月。未来的日子，我们要一起并肩向前！

师 恩 难 忘

郄添僧

"我姓李,你们可以叫我李老师。"下面哄笑了起来。

他是教音乐的老师,留着八字胡,头上戴着类似旧社会的灰帽子,说起话来很洪亮,大概是因为教音乐的缘故吧。

第一次上音乐,老师并没有教我们唱歌,而是讲音乐在中国的历史。他讲得绘声绘色,我们也听得津津有味。这使我不得不承认李老师在音乐方面的权威性和他学识的渊博。最后,他留下了作业,让我们抄写国歌的歌词。

转眼间,便到了下周音乐课,时间总是那么不经意地流过,使我感叹不已。

李老师拖着一摞音乐方面的书籍,放在了讲台上。之后,又用洪亮而抑扬顿挫的话语叫大家把抄写的作业放在桌子上方，他要一个一个查看，这声音使我不安，因为我始终没有将老师的话放在心上，老师检查作业是那么的认真，这使我更加追悔莫及。如若不然，我的心情可能会镇静一些，但现在看来是不可能的。

这时，轮到了我。他看着我，平静的眼神中仿佛深不见底，我仿佛被他看了个透彻，什么秘密都被他洞悉了似的。

突然，他厉声唤我，我被惊醒了。他询问我缘由。

"老师，因为……"

"你不知道与老师说话要站起来吗？"于是乎我才警醒，我被罚站了。我被罚站到最后，整个一节课我不敢放松，从那时起我才明白了一丝不苟的重要性。

下课后，我被叫到了办公室，被他教育了一番。之后，他要求我唱这节课教的歌给他听，我便唱了下来。

"小子，你很不错。"他笑着说。

后来便不再上音乐课了，但是我却时常想念他。

另类老师

王志新

师长如巍巍高山，令人景仰；如涓涓春水，令人神往；如兰桂之香，宁静淡泊，令人洁身自好。

——题记

拉开记忆的窗帘，脑海中久久不能平静，我驾着记忆的帆船，向远方的彼岸驶去。我站在船头眺望，啊！我看见了，我看见了多年不见的张老师，她是教过我的老师中，给我留下印象最深的老师。

她不仅年轻貌美，口齿伶俐，普通话和教学方式也是一流的。文能骂得你"归田隐居"，武能举起粉笔"行云流水"。

记得有一次，张老师教我们词性知识，大部分同学都在认真听讲,只有两个同学在梦里水乡。张老师灵机一动,问了同学们一个极易回答的问题:"睡觉和认真分别属于什么词性?"我举手回答说:"睡觉是动词,认真是形容词。"张老师借机幽默道:"现在大多数同学是'形容词',只有个别同学是'动词'哦!"在同学们的笑声中,两个半睡半醒的同学不好意思地坐直了身子。张老师趁热打铁,说:"好!个别'动词'也变成'形容词'了!"

在一次考试中,同学们考得不理想。张老师诚恳地对我们说:"一分耕耘,一分收获。我没有尽心耕耘,在这里,我向大家检讨,但教育与学是相关联的,你们班有一批'逍遥派',上课时,有的在'云中漫步',有的在搞'地下活动',还有的中了我的'流星粉弹'也浑然不觉。你们说,这样'练功'能修出自己的最高境界吗?我希望,无限的未来都以现在为起点,只要我们一起从头再来,发奋图强,我深信你们的成绩一定会突飞猛进。此所谓失败乃成功之母。我们一起加油吧!"说完,教室里早已是掌声一片了……

也许你会说,这也称得上另类吗?我想,另类,字典上也许没有这个词语,不需要确定的文字去下定义。也许是一种感觉吧,但它确实让我感受到了一位敬业的老师为学生的付出。

我要用三分李白的诗情,七分齐白石的画意,来描绘我那可亲可敬又可爱的张老师。

微笑地面对生活

王 静

生活就像一面镜子你对他笑,他就对你笑。

那是一个夏天的傍晚,天还下着雨,雨打在伞上啪啪的响,冷风一股一股地吹来,将我的裤脚湿了一大截。汽车奔驰而过将水花溅在我身上,用伞也来不及挡。

真是一个恼人的天气,但我来不及管这茬事情,脑子里还装着回家后被父母骂的"体无完肤"的情景。这老天爷好像跟我作对,雨一直下个不停,才5点钟的天就灰蒙蒙的了。在雨雾的笼罩下,夜幕已经降临。

路上的行人稀少,道边的商店也冷清,很少有光顾的客人。雨依旧在下,但我没有放下脚步,而是木然的往家走去。

猛然间,感觉有什么东西碰了我一下,正想骂着什么,抬头一看,原来是有百货商店门口的一个充气小人。

它有一个小丑样的造型，绿绿的衣服，淡红的裤子，一个蓝色的小丑帽，红红的大嘴巴周围还涂着一层白色，看上去特逗。这么大的雨，可他还一直对着路人笑，而且在风中一摇一摆地好像在跳舞。看着他那滑稽样儿，我不由自主地朝他那肚皮上来上一拳，它东倒西歪。他好像找到了玩伴，不顾风吹雨打，你来我往，和我闹着玩。看着他左摇右晃，还乐乐呵呵的样子，我情不自禁地笑了起来。

　　回家的路还有一段，雨还在下个不停，风还是冷冷的，但我的心情开朗多了。

请别忘记我

韩子怡

这里布满灰尘,锈迹斑斑,没有阳光照耀,也没有月光婆娑,更显破败不堪。

我就生活在这里,仿佛没有尽头。

主人已经很久没有来过这里了,已经将我完全遗忘在这个角落里。我好想主人啊。

每天仰望都能看到主人的眼睛里闪着蓝色的光,那是叫iPad的带来的。我恨透了那道光,可是主人好像很喜欢他。无时无刻都把它带在身边连我都顾不上了。

我真的好想主人,以前主人心里只有我,晚上躺在床上睡不着也会想着我,想着想着就笑了。那时候我是主人努力的动力,一提到我主人就会挺起他那小小的脊梁。我每天都陪着主人,那时候的我真的好幸福啊,因为我能带给主人力量。

可是后来主人遇到了一些困难,主人经常不开心打不起劲儿来，经常躲在被窝里偷偷地哭，那时候我好想给主人擦擦眼泪啊，但是我做不到。也正是那时候起我的身体不似从前健朗。

　　再后来，主人终于不哭了，好开心啊！我以为会像从前那样，一直陪着主人可是现实却跟我的愿望背道而驰。

　　主人再也没找过我，再也没想起过我。主人的朋友们都在玩iPad，主人也就去玩，打那之后主人跟朋友们最多的话题就是各种各样的游戏，再也没有出现我。主人的开心难过全寄在那些游戏上，再也没有我的参与，主人再也没有想起过我。

　　我也想像游戏一样陪伴着主人，可是好像不太可能了。为什么会这样？主人因为游戏跟主人的家长生过好大的气，因为游戏天天熬夜生物钟被打乱身体也不似从前，可即使是这样主人也不曾放弃过游戏也不曾在想起过我。即使偶尔想起我也是摇摇头把我扔的好远好远……

　　可能游戏带给了主人更多的轻松自由，带给了主人更多的快乐。

　　而我在这个被遗忘的角落里距离主人越来越远，主人已经快把我完全忘却。我也即将在主人的心里消失，好想继续默默陪着主人啊，主人一定会再想起我的。

　　主人，说真的，我比他们对你好。

　　但愿有一天你主人把我找回来。

　　后来这个角落也渐渐消失，那个被主人遗忘的我从来不知道即使是角落我也是那里唯一的光，照亮着主人的内心。

　　我叫梦想。

平 凡 的 人

张忞露

自行车又坏了,我到离家不远的修车摊去修。

唉,这是第几次了。几乎每个星期六自行车都被扎胎。所谓事不过三,在这种事整整发生了四五次之后,我开始怀疑经常在楼下院子里疯玩的那群别的小区里的小孩儿。

生气是有的,可是却也没多么气愤。孩子嘛,就是调皮。我还记得我小时候还故意按响别人家的门铃然后赶紧躲起来,看着来开门的人一脸疑惑的表情,躲在暗处窃笑。

前几次都是妈妈去帮我修车子,这次只有我自己去了。

我到修车摊的时候,修车匠正听着音乐帮人修着自行车,时不时还跟着哼两句。他看见我,问:"小姑娘,修车啊？"

"嗯。"

"先等一会儿吧。"

"好。"

他真是一个热情的人。

他修好了手中的车子，给了车主。那人付了钱，骑上车子，回过头对他说了声："走了啊。"他微笑着，说了声："慢点啊。"

他继而看向我："小姑娘，哪儿坏了？"

"车胎扎了。"

"来，我看看。"

我看着他专心致志的修着车子，动作有条不紊，他的双手很粗糙，沾满了灰尘与油渍，那是辛勤劳动的证明啊。

有一个人走了过来，大概是附近的居民吧。他路过修车摊的时候，还跟正在修车子的叔叔打了个招呼："今天生意挺好啊！""还行。"

他一边修车子一边跟我闲聊。"小姑娘，在哪儿上学啊，今天放假啊？"

"嗯。"

"跟同学去玩儿啊？"

"嗯，去公园。"

我一向是个不喜欢与陌生人交谈的人，却不禁被他的热情感染。

　　修好后，他依旧憨憨地笑着，对我说："慢点儿啊。"我不禁心生感触，他是一个平凡的人，他的工作就是修自行车，他也乐在其中。他对生活、对工作投入了全部的热情，所以周围的人对他也都很热情。平凡又怎样，不是有句歌词叫"平凡的人带给我最多感动"吗？很多时候我们不开心，不是因为我们平凡，而是因为我们缺少了对平凡也能抱有十二分热情的心。

　　"叔叔再见。"时光一定会善待你这样的人。

抹不去的思念

朱 清

一个周末,我和同学路过广场的游乐设施,在木凳上坐下稍作歇息,看着那些微微泛旧的秋千和滑梯;孩子们爽朗的笑声久久回荡。我的目光定在了一个老爷爷和一个小女孩儿的身上,小女孩儿香甜地吃着甜品店买的冰激凌,老爷爷低头看着小女孩儿,满脸笑意。

多么亲切的场景,吃着东西坐在爷爷的旁边,满脸笑意。眼前的景象渐渐迷离。

多少次夏天的夕阳染红了天际,燥热的风吹着,而我却在那里乐此不疲地玩着滑梯,爷爷坐在旁边看着我,脸上的皱纹堆在一起,满脸笑意。

在我记忆中,爷爷总是挂着一根棕色的木质拐杖,远远的满脸笑意地看着我,又总是有那一抹浅浅雾霭遮挡了他,却又总是挥之不去,似乎一切努力都是徒劳。听奶奶说，爷爷年轻时是一位教师，后来因为一场病，再也没能回到他的岗位，但他从未对生活失去信心，他在我记忆中，从来都是笑着的。

"我去那边一下。"同学指着几米外的金鱼摊对我说，我略略地点了下头。

风凉凉地吹着，微微卷起衣角，在那些时候，爷爷曾和我在小区的绿化带旁散步，风也是这样吹着，樱桃树上深紫色的树叶随风落下，随着风围成一个圈，也就是在那个季节，爷爷离开了我们，他走得很平静，脸上还残存着一丝丝笑意。

"唉，你在看什么啊？"同学提着装着金鱼的袋子满脸疑惑地看着我，"咱们走吗，总在这里坐着怪冷的！"天奇迹般的变阴，风也开始肆虐。

伴着丝丝凉风，陪着灰灰的天空，我把对爷爷思念深深地刻在心底，永远也抹不去！

小草礼赞

赵 克

我看到一棵平凡的小草,不禁想起我的梦。

这是一棵平凡的小草。平凡得仿佛从不存在一般。他孤单地在阵阵微风中摇曳,暗青的身躯仿佛弱不禁风,粒粒尘土布满他的衣服。一棵平凡的小草。

这是一棵平凡的小草。虽平凡但命运坎坷,上帝仿佛在创造这一个孱弱的生命时,打了一个瞌睡。没有精心雕琢这一棵平凡的青草。他又仿佛是一个被上帝咬过的苹果。天生无法汲取充足的阳光,吮吸甘甜露水而去为生存而奋斗。这是一棵平凡而悲惨的小草。

虽然这是一棵平凡的小草,但他却有鲲鹏展翅的宏图大志。

他,这一棵平凡的小草。虽平凡但有与众不同的梦想。他渴望成长,长成一棵顶天立地的小草。立根坚实地扎入这硬实的土地。顶天似能伸入甚至顶破着高远的苍穹。这是一棵平凡的小草却又是不平凡的梦想。

这一棵平凡的小草受到了许多来自其他比他强壮的同胞的嘲笑。而他晃动着孱弱的身躯，仿佛在愤怒又仿佛在哭泣。他仿佛攥紧拳头，又仿佛紧锁眉头，这一切无从得知，但他最终挺直身躯。我感叹这一棵平凡的小草！

这一棵平凡的小草。似觉醒了他的力量。自从那嘲笑过后，他不向命运屈服。风追着雨，雨赶着风，风和雨联合起来追赶着天上的乌云，整个天地都处在雨水之中。其他的小草聚在参天大树的避风港，保护伞下。他却傲立在原野之上，任凭豆大的雨点击打在那幼小的身躯上。而他却艰难地抬起头，似怒目相对，对那电闪雷鸣的黑暗的天空在呐喊，在咆哮。这一棵平凡的小草。

这一棵平凡的小草。挺着这暴风雨中被摧残的遍体鳞伤的但似成长一些的身躯，昂起头，迎面正是一个大火球般的骄阳。而其他小草则依旧在那大树的绿荫下旁观，带着轻蔑的目光审视这一切。炙热的阳光仿佛使空气都燃烧起来，而这棵平凡的小草则被炙烤的干枯，泛黄。但他却毫不畏惧，依旧坚实地扎根在地下的黄土，吸取着水分。这一棵平凡的小草正在变得不平凡。

我爱这棵平凡的小草。我感叹这棵平凡的小草，他不平凡的梦想正似我平凡的写作梦。我在这前途迷茫的道路上也曾跌倒，彷徨。我这泛泛大众中平凡的一员想坚持我的梦想，被否认的痛苦在我心中铭记。没关系，把它转化为我前进的动力。像那棵平凡的小草淋雨一直走，走在布满荆棘的道路上。

我爱这棵平凡的小草，我要继续坚持自己的梦想。

有一种色彩属于我

白晓敏

雨点儿淅淅沥沥地落着；风儿断断续续地吹着；落叶儿在风的吹卷下漫无目的的飘着。

我站在窗前，看着眼前的一切：灰蒙蒙的天，灰蒙蒙的墙壁以及我现在灰蒙蒙的心情。

期中考试的成绩下来了，我退步了许多，在接受完老师的批评、家长的教育以及有的同学的冷嘲热讽的目光后，我绝望了，认为我怎么做都不会再成功，怎么做都不会再看见老师、家长信赖的眼神，同学们羡慕的目光了。我仰在床上，想着这一切的一切。

时间一分一秒地过去，连续几天的大雨终于有了消停的念头。我站在门前，让雨停后还有些许潮湿泥土气息的秋风带着点点的小雨滴打在我的脸上，我认为那会让我低落的心情得到些许的慰藉。

我两眼无神地望着远方毫无新意的颜色，突然一抹新绿映入了我的眼帘，我急忙走去，去看那唯一鲜明的色彩。我眼前慢慢出现了一片小草，小草顶着他身上的雨珠随风摇曳着，他身边不缺被风雨摧残的落叶、娇艳的花朵以及许多的许多，而他那一株小小的身躯却抵挡了所有，依旧在寒风中茁壮成长，给这灰色的一切添上了些许新意，我突然间想到了什么，马上回到房间里拿着书本认真地背了起来。

在那不久之后的期末考试中，我又取得了优异的成绩，心里万分激动。

我知道有一种色彩属于我！那就是绿色、那就是茁壮成长的那一抹新绿！

我的"男闺密"

韩娟娟

人生之幸莫过于拥有几个"损友",虽然他们有时的确不太给力,不过那又有什么关系呢?而拥有一个神经大脑而且十分呆萌的男闺密,确实给生活增添不少喜剧色彩。下面隆重推出我的"男闺密"。

此人瘦若竹竿,身高大约一米二,体重令我是非常羡慕甚至是嫉妒啊!发如雏绒,面容清秀,看起来给人一种营养不良的错觉,脾气温和,从不发火,任凭怎样欺负,都会默默承受……此类优点,常令作为好友的我万般无奈。

还是说说他险些"毁容"一事吧。

曾几何时,我们班上的女生兴起了"捏脸热",女生们疯狂地伸出双手,把每一位同性人士的脸蛋压扁捏圆,不过玩了几天,好像不太过瘾了,于是乎,她们便把一双双"魔爪"伸向了十分无辜的异性人士,当然,脾气温和的他自然成了"女汉子"下手的第一只"羔羊",只见几位彪形女汉,迅速展开进攻,将他围堵起来……

可怕的场面啊,他也太可怜了,清秀的脸蛋上出现了一块块被捏红的印迹。我走过去无奈地对他说:"你好歹也反抗一下啊,看,又被欺负了吧!"你听他怎么说,"没事,只是被捏几下而已,没什么大不了的。"听着他那弱弱的腔调,我心里那个恨铁不成钢的气啊,火冒三丈,上前赏了他一个大大的"爆栗",喝道:"孺子不可教也,朽木不可雕也!唉,真是一块大朽木!"

列位,你们说说,我这位"男闺密"可咋整啊!虽然他很呆,很朽木,但他却成为我的好朋友,真是让我百思不得其解啊!

感谢挫折

王 凯

　　世间万物，总有其好的一面，也有其坏的一面。酸甜苦辣、是非成败，都是这样，挫折也是这样。我要感谢挫折。

　　往事如烟，飘然而过。以前的好多事情，我大多都已淡忘，但唯有那一件事，却永远铭记在我的心中。

　　记得是四年级时，我不小心摔倒在教室里，造成颈椎受伤。爸爸妈妈带我到医院检查了一下，诊断结果为寰枢椎半脱位，必须要住院治疗。

　　这对我来说，无疑是一个晴天霹雳。爸爸妈妈听到结果非常难过，我更是欲哭无泪。妈妈对我说："事到如今，我们得面对现实，还是先住院治疗吧！"为了坚定我的信心，爸爸也鼓励我说："自信是成功之本，人必须要自信。你今后的人生道路还很长，难免会遇到困难与挫折，只有迎难而上，才能战胜它们。你想想，古往今来的成功人士，哪一个不是在经历风雨和挫折之后才走向成功的呢？"

听了爸爸妈妈的话，我越来越有信心，最终迈进了医院的大门。在医院里，我积极配合医生的治疗，治疗间隙，我一有时间，就让爸爸拿着借的课本给我讲课，努力把我落下的功课补上去。

我始终都怀着坚定的信念，淡然面对这次挫折。经过半个月的治疗，我终于康复出院了。我又回到学校学习，以积极的心态迎接新的挑战。这段经历就像是风雨后的彩虹，照亮了我的前程；这挫折后的成功，使我更加懂得了如何笑着去面对人生。

人生就像那苦涩的咖啡，虽然味苦，但细细品尝，却很有滋味。挫折，就像是人生道路上的绊脚石，但如果你能正确面对它，绊脚石也能变成垫脚石。人的一生当中，如果没有遭遇挫折，那么，生活就像白开水一样，平淡、无味。

感谢挫折，是挫折磨炼了我的意志；感谢挫折，是挫折让我品味到成功的喜悦；感谢挫折，是挫折让我感受到生活的甜美滋味。

朋 友 老 师

李 任

"本学期的数学课程,内容多,难理解!"伴着这个特殊的开场白,我们迎来了朋友老师。

仔细打量一下,这位老师还是美女,她身材高挑,高高的鼻梁上架着一副金丝眼镜,留着过肩的卷发,往讲台上一站,哗声一片。她的知识真丰富,旁征博引,让我们佩服得五体投地。不过在课堂上我们很少看到她的笑容。

新老师驾到第一天,我们便给她来了个"下马威"。课堂提问时,连续叫了五位同学都回答不上,检查作业也很差。老师也是个暴脾气,给我们下了死命令"从今天开始,每天知识点必须当天掌握,谁完不成,罚写5遍!"我们都懒散惯了,很不以为然。放学前,她来检查,只有一小部分完成了。老师说到做到,那天好多同学在学校留了两个多小时,直到同学全部过关,她才回家。从此以后,同学们意识到老师不好惹,课堂上专心多了,作业也一天天好起来。到期中考试,我们的成绩有了大的飞跃。

我们这个年龄,对外界的诱惑,免疫力很差。有一段时间,我的心思不全在学习上,每天上课无法集中全部精力,感觉很迷茫,听课效果自然不太好。一连好几天,老师课堂提问我都答非所问,老师看在眼里。有一天放学时,她把我留住,我们边走边聊,我把苦水倒完了,心里畅快了许多。老师笑眯眯地告诉我今天晚上会睡个好觉的。看着老师的笑容,感觉老师一下子和自己拉近了距离。自此以后,我在生活学习中遇到苦恼时,总要找机会向她说说,老师总是我最忠实的听众。我们课上是师生,课下是朋友。

我的朋友,我的老师,为你点赞!

"老数"小传

封辰然

"鄙人姓赵,擅长数学,除此之外信息均属个人隐私,你们无权知道!"这是我们数学老师的开场白。

我们的数学老师,(我私下想叫他"数老",但因为他的确老了,我就改成"老数"了。)他个子不高,相貌平平,绝对属于那种扎到人堆里找不着的主儿。但对我来说,我可是敬畏有余了。

"啪!"一声脆响,如魔音一般的回响在我的耳畔,这是竹板与手接触产生的响声,这只手的主人便是我,那天我偷懒少做了几道数学题,恰碰到老师检查,我坐在第一排,被老师逮个正着,于是就有了本段开头的一幕。"以后,谁再偷懒,他就是例子!"我看看手掌,刚刚发红,没有异样的感觉,但那声响令我有点儿难堪,我也是班里公认的"学霸"呀!老师是把我当鸡来吓唬这群猴了。

　　作业多了，难免出现完不成的时候。那天课间，我正在争分夺秒地完成作业，不知啥时候上课铃响了，老师布置了本课学习目标，我仍沉浸在前科作业中。老师走下讲台，一把抓起我的作业本，一股凉气"嗖"的遍布全身，"完了，完了！这下在劫难逃了！"看来戒尺又要光临了，我暗暗叫苦。

　　老师把作业本放回原处，"别太入神了！该换换脑子！"

　　同学们一片哄然。

　　我不好意思地低下了头。

　　自此以后，我在他的课上特别专心，成绩特别好了。

　　我开始重新定义"老数"了：脾气不好是恨铁不成钢，手中的"戒尺"是让学生"戒懒"，教学手段多，是教学老手。

　　看来老话的说法没错，"姜还是老的辣"！

飘忽的目光

崔进红

当你正在快乐地做着某些事情的时候,你有没有想到这时有一个人在默默地为你流泪,担心。

——题记

现在,一切都是那么新颖、时尚,让我都充满了好奇。可谁又知道这里面会有多少陷阱。记得那年冬天,正是三九,最冷的时候。"你知道吗?咱学校那边,才开了一个游戏厅,可好玩呢。"同学们谈论着,好奇地听着那个人的讲述,讲述他是如何的"英勇",如何上场杀敌,使用了什么招式,什么套路。同学们认真的倾听着,每个人都在脑海中想象着一幅图画。还有的当时即问了详细的地址、价钱,说要和别人一同去玩。

我虽没有凑过去，但好奇心也迫使我仔细地聆听着他们的对话，我也有些心动了……不久，班上的话题全都成了网络游戏上的内容。我终于也坐不住，在同学的带领下走进了网吧。很晚，我悄悄地走进家门，屋子里的灯全都亮着，我瞟了一下四周，没有人，我放心地走进来，"妈妈！"我一下子跳起来。她的脸上显着焦虑的神情，耳朵红红的，眼睛——我实在没有办法去看她的眼睛，但那双眼睛却不停地盯着我，我的脸一下子红了起来，烫呼呼的，不停地把目光从她的身上移走，不想看到那双眼睛，使自己变得更加惭愧。"去哪儿了？""去同学家写作业了。""不可能，说实话！""真的去了同学家了嘛……"我支吾着说，眼睛互相对视了一下，又急忙移开。"我已经听你们同学说了……"

说着，妈妈低下头，自己哭了起来，这时我看着她，一道白光闪过，我惊愕了，我看见了妈妈头上的丝丝白发，一二三，原来有这么多。一根根为我而白，像刀光般闪着我的眼，刺痛了我的心。

妈妈，放心。儿子会改变，不会辜负您对我的心意，对我的期望，感恩我的母亲。

零度的温暖

有梦不怕痛

刘怡然

蝴蝶为了自己的梦,历经束缚,最后终于破茧而出;雏鹰为了自己的梦,从悬崖跃下,在惊险中学会飞翔;果子有自己的梦,风吹日晒,只为看到那秋日丰收之景。经过痛苦才会成熟,才会获得梦想的收获。

曾经好长一段时间我每每一个人思索时,总会觉得有些迷茫,觉得找不到自己的方向,对未来充满了担忧。一个偶然间,我读到了贝多芬的故事。尽管他的家庭十分普通,但他仍然没有放弃自己对音乐的热爱,在严格的训练下,反而早早显露出自己在音乐上的才能。可天不遂人愿,他的听力逐渐下降,直到完全丧失,他依然在坚持音乐创作,他将苦难化为力量,化为对梦想坚持不懈的追求,成为著名的音乐家。每个人都应该有属于自己的梦想,它或大或小,永远不要轻视自己的梦想,它就是黑暗中的一盏灯,为我们带来希望,有了希望才会有动力,才会有攀上高峰的力量。

　　我从小就喜欢画画，喜欢用各种各样的画笔在洁白的纸上勾勒出自己喜欢的东西，更喜欢作画时铅笔发出的沙沙声。画画不仅可以培养兴趣，还能陶冶情操。所以，我一定会为这个梦想奋斗，让我的画画水平越来越高，成为杰出的画家。小学时参加美术比赛，各种奖状、证书源源不断，更增加了我成功的信心。然而后来的一次学校手抄报评比，我自信满满地将作品交了上去，但公布结果的那一刻，我的心却是十分失落——只是一个三等奖，顿时感觉受到了极大的打击。那次对我来说是一个难忘的教训，"不画画了"的想法屡次浮现在脑海，我用听音乐来放松自己，突然一首歌惊醒了我：拍拍身上的灰尘，抖抖疲惫的精神，有着心中的梦，忘却身心的痛。有梦不怕痛，这次失败不仅告诉我天外有天、人外有人，还更激励我要更加刻苦的练习，更快地提高自己。我没有沉浸在比赛的失败中，我依然爱我的画画，我会一直紧握我的画笔，一直画下去……

　　"淋雨一直走，是一颗宝石就会闪烁，人都应该有梦想，有梦就别怕痛"。是了，既然已经有了梦想，即使追梦的旅途中充满了各种泥泞和挫折，也要勇敢地坚持，以微笑去面对。

　　去坚持自己的梦想吧，让它做你坚强的后盾，让它带给你希望，让它使你变得更加坚强。天再高又怎样，只要踮起脚尖就能接近阳光；梦再远又怎样，只要伸出双手就能拥抱希望！

一件让我感动的事

曹雅琳

人生是一场电影，精彩的演出，感人的故事。重新播放一次，那一幕幕感人肺腑的镜头又一次浮现在我的脑海里。

辛苦的爸爸妈妈总会为我们做事，令我们感动。一天早上起来，我觉得头晕晕的，还有点儿想呕吐，我没有告诉爸爸妈妈。可是，我越来越难受了，一下子倒在床上，感觉浑身滚烫滚烫。再摸摸自己的额头，像被火燃烧了似的，烫呼呼的，我告诉一旁正在看电视的爸爸。爸爸心疼坏了，马上叫我躺下，睡一会儿。但是，我已经睡了很长时间了，头还是非常的晕，爸爸拿来湿毛巾，覆在我头上。那一刻，我真的很感动，爸爸为了让我不难受，想了各种办法，我想起昨天，爸爸也生病了，我和妈妈都很担心，爸爸却说，他的抵抗力强，不怕。

就在这时,我突然起了身子,我想吐了,爸爸看见了,连忙把我扶到卫生间,拍着我的背,"哗!"我胃里的东西全部吐了出来,爸爸不怕脏,为我冲洗,帮我倒水。那时候,我的眼泪都快流出来了,爸爸太好了,爸爸平时骂我,批评我,我总是很恨他,但是经历了这件事情,我知道了,爸爸是心疼我的。漱完口后,我迈着有气无力的脚,一下子倒到了床上。爸爸看我实在难受,就扶着我,骑上摩托车,去了医院。

爸爸挂好号之后,拿了一个体温计,塞到我的嘴巴里。过了一会儿,爸爸拿了出来一看,39.5度,爸爸很是心疼。医生叫到了我的名字,我和爸爸朝诊室走去。医生说:"是热感冒,先打一针退烧针,再去验血,然后去配药。"我最怕打针了,但是爸爸在一旁鼓励我说:"我小时候从来都不怕打针的,我相信你也和我一样。"到了打针的地方,医生先擦擦要打针的地方,再输液,我看到医生做这个动作就非常的怕,爸爸说:"别怕,有爸爸在呢!"针打进去了,我使劲让自己的眼泪不要流下来,但还是流了下来。打完针,爸爸把我抱下台子,扶着我走,他一边走一边对我说:"不怕,我们一会儿去验血。"我觉得爸爸真的是太好了,鼓励我,安慰我。到了验血处,爸爸握着我的手,医生用一根针刺进了肉,血流了出来。但我不再觉得疼痛,因为我感觉到了父爱的伟大。验完血,该配药了,因为我不舒服,爸爸让我坐在座位上。我想：爸爸这样关心我，我以前还顶嘴，真不应该啊！

　　通过这件事情，我明白了平时爸爸妈妈对我无私的关爱，他们批评我，都是为我好，他们希望我成为一个有用的人。等他们老了，我也一定要好好地照顾他们。此时此刻，我想对爸爸妈妈说一声："爸爸妈妈，谢谢你们！"

循梦而行

曹新宜

不是每一只蝴蝶都能够冲破茧蛹，与花共舞；不是每一只雄鹰都可以脱胎换骨，继续傲世苍穹。我们在这奇异的世界自由成长，展开我们的翅膀，去追逐我们的梦想。有梦就别怕痛。

大家都有自己的梦想，每天做着同样的梦，我们要不断去追逐自己的梦想。梦想使人疯狂，它是人生活的源泉，人为梦想而活，我们应该有梦想，在石头——困难碎开的一刹那，去触摸你渴望已久的梦想。每个人都有梦想，为了梦想而不去奋斗，那么，这永远就只是一个梦。在追逐梦想的同时，会有无穷无尽的痛降临在我们身上。

每个人都应该有梦，有梦就别怕痛。

从小就有一个梦想，就是当一个作家。作家，顾名思义，就是指从事文学创作有成就的人。

我以前并不是很擅长写作文,一写日记,作文,一开头肯定是:我今天很高兴;我今天干了件什么事在什么时间里,流水账颇多。最后老师看不下去了,就对我说:"作文,日记等开头要美,一定不要写什么今天明天那些没有艺术的文字,否则就会显得你的文化素质很低。"老师的一番话,让我恍然大悟,自己是要去品味一下他人的文章了。

　　每天在柔和的灯光下捧着一本本书,室内的灯光与室外的星星共同散发着柔光。

　　一有闲工夫,就要捧着书去读,去思考,看着邻家小孩儿在外面玩耍,而自己呢,却不可以出去,心中微微有些苦涩,但想到成功人士创造的奇迹,他们所领悟的痛,是常人所不能感受到的。贝多芬经受了耳聋的痛苦,对一个懂音乐爱音乐的人来说,这是多么大的痛啊!可是凭借着他惊人的毅力,硬生生地坚持了下来。相比较,我受到的眼睛痛,身体痛,还有看着别人玩而自己却不得不为自己梦想而坚持下来的痛,是不值一提的。他们的痛与自己的痛,犹如泰山与鸿毛相比。

　　经过长时间的努力,我的作文在班中脱颖而出,领悟了许多痛,才换来丑小鸭变成白天鹅。

　　如果毛毛虫不经历痛苦的破茧就成不了绚烂的蝴蝶;如果蝉不经过在地下受数年的煎熬,就不能在夏天一展歌喉;如果蚌不经历血与泪的痛就不会孕育出璀璨的珍珠。

　　每个人都应该有梦,那就让我们循梦而行吧。

生命因经历而精彩

刘子佩

"不经一番寒彻骨,哪得梅花扑鼻香。"为何寒冬腊月,梅花能够傲然展示自己的风采,为何烈阳之下,蝴蝶能够破茧而出,翩翩起舞。我只知道生命因经历而精彩。

当我重新怀着一颗激进的心去参加舞蹈比赛,我听到了同学的嘲笑:"你听说了没有,她要去市里参加舞蹈过级考试!""当然听说了,难道她忘记以前的事了吗?去碰一鼻子灰才算吗!"我在一旁默默地听着,回忆着……

我曾怀着满腔热血参加过一次学校的联欢会,可当我欣喜地站在舞台中央时,望着以前的同学们,却傻傻的愣在那里,不知道该怎么办,舞蹈动作忘得一干二净,台下一片哄笑。朋友连忙拉下我来替我打圆场,她告诉我不要在意,去享受世界带给你的狂风暴雨吧,我知道你能承受得住。对呀,是颗宝石就该闪烁啊!

在这一刻，台上的我，台下的你形成鲜明的对比，你惊讶又羞涩地盯着我感叹为什么你不能像我一样。可是你不知道，当我能够参加比赛时，你在嘲笑；当我独自面对镜子反复练习时，你还在嘲笑。

"台上一分钟，台下十年功。"舞蹈是那么神圣，每天被圣洁的血与泪洗礼着，血泪交织出一幅完美的画卷。所以你只会看到一朵长大的百合欣慰地映在镜子前。

我曾站在命运的广场中央，迷茫，彷徨，耳畔响起一首歌，"人都应该有梦，有梦就别怕痛。"

是金子总会发光，就算遇到挫折与困苦，也要怀着那颗敢于追求的心去触碰心中的那抹阳光。是阳光就该暖和，人都应该有梦，有梦就别怕痛。

爱 的 馈 赠

杜 钰

　　我把头抵在冰凉的石碑上，一如抵在奶奶那温暖的胸前，只是再也无法听见那扑通扑通温暖动人的心跳。抬头看满天星辰，奶奶，您看啊，您留给我的是满天星光！

　　奶奶，您还记得吗？在我年幼的时候，您总是在夏夜里手执蒲扇，把我抱在怀里，一边扇着蒲扇，一边给我讲故事。那夜的星空璀璨，夜幕中布满的星辰如同一颗颗闪烁的宝石。您总是笑嘻嘻地指给我看，那些是北斗七星，那个是北极星，那个是……

　　而今的星空，也是星辰布满，只是物转星移，今夕何夕，寻觅不见数星人了。

　　奶奶，还记得我稍大一点时，您就常对我说，丫头啊，笑一笑，你就会觉得这世界上没有什么可怕，没有什么坎坷。所有你以为过不去的，都会过去。人这一生也就这样，有快乐也就有悲伤。哪怕再伤心的事，你哭了，也要学会含着泪去微笑面对……

我想我是没有办法理解您的话，在当时，毕竟年幼。可长我好几岁的姐姐，却懂得了您付出是为了什么。小时候的姐姐，经常和您耍调皮，假日里您带姐姐在乡下老家，她白天跟邻居小朋友玩得开心，就忘记了妈妈和我。一到晚上，就哭着找妈妈和我。您总是哄着姐姐吃了晚饭，不顾天黑、劳累，徒步背起姐姐向我和爸妈居住的县城走去，当出了村下了一道坡，又上了一道大坡时，姐姐就会趴在您背上睡着了，您就又深一脚浅一脚地把姐姐背回了村里。第二天姐姐醒来看到乡下的小朋友，只顾玩耍就又忘记了找妈妈和我。奶奶您说，您这样天天照顾姐姐是为了我和爸妈！我摇头示意不信。我常常因为这次摇头没有理解您的良苦用心，而感到内疚。

我们谁也没有办法阻挡时间老人的步伐，有这么一天，也终是来了。奶奶，我就看着您在我面前，就那么倒下了。那时的您满眼都是笑容，满脸慈祥。面对此景，起码我做到了，在大哭之后，我含着泪却微笑着与您告别……

现在啊，孙女已经长大了，已经明白了您的教导，您的馈赠。现在，我向您保证：在今后学习工作的几十年里，不论遇到多大的磨难也会笑着面对！

抬头望着星空，我看那满天星光是您慈祥的微笑，是在我的人生道路上的一个个指航灯。您走了却留给我爱，留给我最好的馈赠就是笑对人生。星星依旧在眨眼，转身向前走去。这次的转身，与以往不同。奶奶，我会再来看您。

  我转过身努力使嘴角上扬起角度的绚烂，向前奔去。

零度的温暖

张雨儿

又是一个飞雪的午后,手里捧着一杯暖暖的热水,望着飞雪,脑子里又浮现出那张慈祥的面孔,面带微笑。哦,亲爱的李老师!

天气转变得飞快,气温骤降,我坐在靠窗的座位上做题。寒风从窗外吹进来,我禁不住打了几个喷嚏。用手摸了摸发烫的头,感觉是暖手煲似的。

我的头开始发疼了,貌似睡神占据了我的身躯。正在我准备睡一觉时,窗外飘来一个人影。接着,一声怒吼响起来:"不好好做题,干什么呢?"我抬起头来,看见的是一张不常出现忧心又气愤的脸。

接下来,李老师看见我满脸委屈和发红的脸,忙问我怎么了,又用手摸着我的头问,是发烧了吗?我摇摇头,却觉得委屈。"走,去我办公室里歇会儿吧!"她就拉着我走了。

她为我找了一个杯子，亲自洗涮了半天，说是为学生准备的，很久没用了，怕脏。之后，端着一杯热水递给我。我只是接过了放下。其实心里还在为刚才的事委屈呢！

接着，她没说话，转身走出办公室。我想，她一定生气了吧。我只好静静地坐着，一边战斗着睡神，一边发抖哆嗦。我还是被睡神战败，趴在了老师的办公桌上，眯起了双眼……

不知多久后，她回来了，手里拿着一袋子药。满脚上都是雪，衣服上挂满了雪珠。"快，给你买上药了，这么冷的天，好几家药店都不开门呢！你也是，天气预报说今天零度以下了，怎么不穿厚点！"她一边说一边为我拆药，并摸了摸杯里的水，早已没了温暖，毕竟这天气这么冷。

她为我重新端上热水，喂我吃药。我接过杯子的一瞬间，我流下了眼泪。她慌了，一边给我擦泪，一边安慰我说"别怕了，喝了药就没事了。"我擦干眼泪笑着对老师说："有您，这杯热水，比什么都灵验！"我终于看见她把眉头舒展了，嘴角多了一丝笑，满眼慈爱。服药后不久，身体开始微微发汗。我感到舒服了许多，李老师把她的小棉袄给我披上，我们一同返回了课堂……

零下几摄氏度的气温，心与心之间却是有着零度的距离。杯里的热水，永久暖到了心里。眨眼间，已过数年，每当下雪时，总要捧一杯热水，立于窗前。赏美雪，忆童年，念师恩！

妈妈的睡眼

郭佳良

"说了你多少遍了,去睡觉,就是不去,明天你自己起床!"妈妈似乎下定决心地说。"唉,我哪里自己起过床,除非是假期里等到太阳晒我屁股。"我嘴里嘟哝着。

随着优美铃声的响起,我狠狠地被从甜美的梦中拉回来。我的瞳孔似乎太过恐惧黎明前的黑暗,使劲想拉住眼帘。"唉,今天是要自己起床的,别睡着,千万别睡着。"我心里暗暗地想着。从温暖的被窝里艰难的爬出来,我看到妈妈房间里已经亮起了灯光。

"妈妈,你这么早就起来啦!"我问。"啊,起了,还是我给你做饭吧,你再睡会儿,一会儿我叫你。"我发疯似的扑进床的怀抱,一合眼就进入了甜美的梦乡。

"嘿,起床吧!"

坐到餐桌前,看着碗里的美味。不禁狼吞虎咽起来。

坐在旁边的妈妈看我吃饭的样子，嘴角上扬。我抬头，看到妈妈的眼睛眨动得很无力，还一直打哈欠。吃完之后，妈妈笑眯眯地看着我，虽然她的眼眸上明明白白地刻着"瞌睡"这两个字，但她还是在坚持。随后妈妈清扫"战场"，我去卫生间洗漱。

当我收拾好行装出门时，妈妈已经靠在沙发上进入了甜美的梦乡。

我们始终都不会轻而易举地注意到萦绕在我们身边的母爱。我们在读短文，看新闻时总会感慨文中的母亲是如何如何的伟大坚强，却没有留意我们生活的点点滴滴。其实我们何必唏嘘！母爱一直陪伴在我们每个人的身边，永驻在我们每个人的心里。

我们不应该想让别人对自己付出而不求回报，那是我们母亲才心甘情愿做的事情。母爱的伟大就在于付出，看到孩子的幸福就是最大的满足。

妈妈，我长大了，你那疲惫的眼帘不会再因我而艰难地拉开。

痛苦是梦想的源泉

杜威武

"人都应该有梦,有梦就别怕痛。"张韶涵的歌声中,我们感受到了梦。梦意味着希望、幸福、喜悦,却也意味着痛苦、挫折、失败和努力、执着、成功。

甘相伟,出生在贫困山区农民家庭,五岁父亲去世,家中世代务农,但他却从小怀揣着进入北大的梦想,并一直为此努力奋斗。但一向学习很好的甘相伟却在高考中失利。没能进入梦寐以求的北京大学。只进了一所大专。

但他依然坚持那个梦想,努力并奋斗着,他从未想到放弃,仍然靠自己的努力去争取!三年大专学习结束后,于是他决定放弃优厚工作,"曲线读书"去北大当了保安。

北大鼓励保安读书,他默默对自己说:"我找到家了。"甘相伟开始了半工半读生活,他一有空就去"蹭课"，除了坚持看书学习，他还听了五百多场讲座与多个专业课堂。甘相伟的北大时光虽然艰辛，但难得的学习机会已经让他很满足。他偷偷告诉自己："既然入了保安这一行，那就尽力去做好它，同时自己要充分利用北大的资源，不断充实、提高自己，总有一天会实现自己的价值的。"甘相伟阅读了四百多本书，写下了近十万字的笔记，并坚持写作。

他出版了《站着上北大》一书，书中写他成长的辛酸，中途辍学的无奈，求学北大的快乐。再艰辛，他也认为"生命贵有痛可受，追求梦想的人生，没有高下之分。"

甘相伟不仅获得了北大的文凭，又靠着自己的梦想努力，去完成了自己另一个梦想——教师梦。是他为更多孩子们树立梦想的榜样。

他在求学过程中，和我们一样的会遭受许多挫折、痛苦和失败。他却从不畏惧，将痛苦化为追求梦想的源泉，将命运的多舛安排看作上天的考验，将坎坷心酸看作追梦的动力。中国共产党为了实现让广大劳苦群众翻身当家做主的梦想，经历了无数血的洗礼和死的考验。其中的挫折、痛苦、磨难都化作梦想的动力和源泉。我们应继承和发扬革命先辈为实现自己的梦想不惜一切的精神，我们也应该为梦想不怕任何困难，将悲痛化为力量，将痛苦化作动力，将失败化作催化剂，去实现自己的梦想。让我们每个人的梦汇聚在一起构成伟大的中国梦，在实现中国梦的新征程上，大力弘扬伟大的民族与时代精神，历经的苦难，会使我们有无坚不摧的磅礴力量。

梦在前方，路在脚下，有梦就不怕痛！为了自己的梦，为了中国梦，努力去拼搏吧！使祖国花开中国梦，自强唱高歌。

梦 伴 痛

郭素珍

人都应该有梦,有梦就别怕痛。别让痛阻挡我们梦的姹紫嫣红。

我的梦想是当一名科学家。梦想是我们大胆的想象,不一定会实现,但也是一个美好的期望。我们应当找准方向扬帆起航。

科学家太远,路还看不见。

有一个让我不得不面对的现实:科学家是几乎集全部学科为一身的结合体。

还记得小时候母亲买回的四册《十万个为什么》,我抱上书一溜烟地跑进屋子,盘下双腿,把书轻轻地放在前面,意犹未尽地搓捻着书页。躬下身子,我似乎嗅到以后成为科学家的我正在招手。

这四册《十万个为什么》便是我向往成为科学家的原

因。

　　就现在而言吧，想成为一名科学家，必定要做到各学科的均衡发展。成绩不是一分一分信手拈来的，而是要求我们自己去叩响学科的大门。夜深人静，温柔乡，尽皆入眠。万籁俱寂，台灯旁，奋笔疾书。有时候心里总会嘀咕嘀咕："要不这些辅导卷子明天再做吧，睡不好明天一天两个眼皮都要打架。""好像我昨天就是这么说的……明日复明日，明日何其多！"不知不觉间已经把笔狠狠地丢到一旁。"今天太累了，写作业的时间真是太痛苦了！""人都应该有梦，有梦就别怕痛！不在题海里游荡，别说'上龙船'了，'抱破船'都想得美，只能被淹死了！"支起自己沉重的头，找回笔，做一场和时间的赛跑。

　　这些天"昏昏然，坐立不安"。肩胛骨隐隐作痛，似乎是着凉了，再写几个小时的作业，简直是一发不可收拾。所以每写一会儿，我都活动活动，缓解身体的疼痛。当坚持不下来的时候，就会有一个声音在我的身体里回荡："努力学习！均衡发展！铸就成功！"

　　我不能像温室里的花，经不住风吹雨打。

　　在这条通往梦想的路上，我只是迈出了小小的一步，有磨难，有痛苦。然而，为了以后脚步的畅通无阻，为了以后生活的安乐富足，我也决不能就此停滞脚步。

　　人都应该有梦！有梦就别怕痛！

百变精灵——饺子

陈晓天

　　俗话说：舒服不过躺着，好吃不过饺子。我非常认同这句话，我喜欢躺着，更喜欢吃饺子。饺子是中国的传统美食。它很普通，因为家家都会做；它很特别，因为它是我们老祖宗智慧的体现。是我记忆中最好的美味。

　　姥姥知道我爱吃饺子，所以她经常给我包饺子，我就搬个小凳子坐在她旁边，在我看来擀饺子皮是一项技术活，速度要快，手要灵活，擀出来的皮要圆要薄，我喜欢听那擀皮时咯咯的声音，我喜欢看姥姥的一双巧手像变魔术似的，把一块小面团变成一张薄薄的面皮。

　　擀完面皮，她就开始包饺子。面皮在她手指的捏捏中，变成了一个活灵活现的小鱼、一个惟妙惟肖的小老鼠、一个弯弯的月亮，饺子的百变造型吸引了我。

　　不仅造型百变，内容也是可以百变的噢。

一个饺子的精华，不仅仅在于那一张面皮，更重要的还是这馅儿。饺子的馅儿可根据自己的口味来任意调制，肉馅儿、素馅儿，又因各种菜、各种肉而滋味不同，一个最寻常的猪肉和大葱、白菜、茴香、芹菜、豆角、茄子就可以搭配，而且味道各异。我觉着这就是中国饺子的特色，其实也是中国文化的体现。

饺子在姥姥的手里成了一个百变的精灵，是我认为最美味的食物。

北京,你真美

史皓月

世上有无数风景优美的地方,有人们去过的,也有人们没去过的;有像苏轼的"欲把西湖比西子,淡妆浓抹总相宜。"也有像柳宗元的"千山鸟飞绝,万径人踪灭。"我爱西湖的优美,爱苏州的婉约,但我更爱北京。

去年夏天,哥哥带我到北京去玩儿。我们坐火车到北京西站,下了火车出了站,向外面的世界一看。哇!北京真美,真不愧是我国的首都啊!到处林立着高楼大厦,上面闪烁着金色的光芒,照得我都快睁不开眼了。来到了天安门广场,天安门的雄伟壮观一下子就把我吸引住了,在故宫里面参观了一下午,使我流连忘返。

出了故宫,走着走着,突然听到"啊"的一声尖叫,把我原本惊喜的心变成惊吓的了。急忙向后看,一位穿着俭朴的大妈一边追一边着急地喊着:"我的钱,小偷,我的包……"她太过着急了,都语无伦次了。向前看,有个穿灰色衣服的男人向前飞速地跑去。正当那位大妈着急不已时,出现了一位帅哥,他穿着一身黑色的衣服,向前快步流星地跑,把那个小偷一把给抓住了,周围的人也赶紧上前帮忙,把小偷给制服了。有人拨打了110,不一会儿警察叔叔就把小偷给抓走了。这时那位大哥哥把大妈的包送了回来,大妈感动不已,对他说:"谢谢你,要不是你,俺儿子的医药费,呜呜呜……你真是俺家的救命恩人啊!"那位大哥哥酷酷地说:"北京人嘛,举手之劳,何足挂齿呀!诶,你儿子怎么了?生病了吗?"大妈伤心地说:"俺儿子是白血病。"大哥哥说:"啊!真不幸!"说着就从口袋里拿出五百块钱塞进大妈的手里,还没等大妈反应过来,就一溜烟地跑了,简直太帅了。那位大妈留下了两行热泪感慨道:"这世上还是好人多呀!"说完,大妈便走了。那一刹那,我觉得北京人不光是外表美,心灵更美。

　　北京,你如此的美,我向往你!

被风拂过的冬天

牛 虎

天空放晴,太阳得以在云朵里挤出来,无声的暖铺满大地,房檐上的冰凌没有了毅力,"滴答,滴答"地诉说着它的委屈。

去年冬天,我曾去过一座不知名的山游玩,实际上冬天的山是没什么可玩的,树木没有了生机,清泉没有了活力,瀑布没有了激情,只有那一块块粗糙的石头不动声色。

进入山门,踏上山路,拐过一个山垭,一个大的冰瀑映入眼帘,"好美啊!"我不禁感叹道,一种拍照的欲望油然而生。"咔嚓",一个淡然的微笑定格在相片中。

向山的更深处望去,一片树林,一种阴森。

那片密密的树林顿时让我浮想联翩:那里面是源中人安居乐业的世外桃源?还是鲁滨孙野居的洞穴住所?

好奇心促使我向深处走去，怀着忐忑的心情，伴随着脚踩枯叶的响声。不知是失望还是欣喜，因为并没有什么桃花源，也没有什么鲁滨孙，只有一间木头搭建的小房屋，隐约还可以听见木屋中有声音发出。

叩门……

"吱"，开门的是一位老人，苍颜白发，一条条皱纹揭示着岁月的流逝。见有人来做客，他干涩的脸上挤出一丝笑容。对我说："长时间没人来过了，要不要喝口水？"我口干舌燥，便向他要了一杯喝下去，一阵冰凉。我扫视全屋，只有一张破床孤独地蜷缩在黑暗的墙角，便问老人："就您一人吗？"老人回答："嗯，孩子们都远走高飞了，我找不到地方住，就在这儿安家了。"我怔了一下，心在颤抖着……

跟老人聊了几句之后，我走出了树林。这寒冷的冬天，那间不抵寒风的破木屋，那位寂寞的老人让我震惊，这一年被风拂过的冬天，我会永远记住！

被遗弃的"快乐"

刘晓庆

我有着一个很好听的名字"快乐",我的妈妈"幸福"曾对我说,我一定会受到很多人的欢迎。会吗?带着这个疑问我来到了人间。

飞啊飞,不知飞了多久,我来到了一个窗户前,里面的男孩儿眉头紧锁,我想,他一定需要我。我慢慢地走进了他的内心,却不曾想看到的是考卷纷飞的天空,灰色的阴影在楼层中交织出令人窒息的网,原来,我在他心中竟没有一点儿地位?叹了口气,我缓缓地移出了脚步。

日落斜阳,夜幕低垂,闻着阵阵香味,我不由自主地停在了一座别墅前,里面灯火通明,我进门看到里面饭桌上摆满美味佳肴,只有一个身穿白纱泡泡裙的女孩冷漠地看着这些。我走近了她,想用自己来填满那麻木的心,却没想到她一直抗拒着我。无奈,我又重重地叹了口气,看了小女孩儿一眼,消失在了黑暗中。

　　月色撩人的夜晚,抬头望去,繁星满天。我孤独地坐在了椅子上看着从我面前匆匆走过的男女,他们脸上那虚伪的笑容像针般刺在了我的心上。原来我竟如此卑微?拥有快乐很难吗,我问自己,突然觉得这很好笑,我本来就是快乐啊!望着霓虹灯下疯狂的城市,我再次重重地叹气,毫无留恋地回到了母亲身边。

　　千百年来,我竟从未看透过自己,快乐何其简单,可真正拥有简简单单快乐的有几人?朋友,在这喧嚣的尘世,你能真正拥有快乐吗?

生活是个圈

本班的"两员大将"

缑慧瑾

要说我们班里最为显眼的人物还是本班的一号人物。在处理问题上有着自己独到的见解,始终坚持自己意见的堂堂大班长。

他拥有傲人的海拔,那一顶时尚的鸡冠头,曾成为班主任三令五申的典型"模范",在日常生活中经常会搞恶作剧,这个把"恶搞"当作无上荣耀,把"捣蛋"发扬光大的男子汉,真是让同学们欢喜又无奈。

课堂上,只有他,敢于大声发表自己的见解。班级里擦玻璃、搬书本等等他都抢着去干。每天上学放学,他总是来得最早,走得最晚的那个。他经常把自己的威严当作工具来管理班级,全班上下,除了班主任,也只有他才能威慑得住全班的人。当他用威胁的口气警告同学A君时,旁边的B君、C君、D君等等连口大气都不敢喘。由此可见,他在班级上的声誉是多么的"坏",而威信却有多么的高。真不愧是"一人之下,万人之上"。

她与上位所说的一样,也是班委会的成员。她拥有一双炯炯有神的眼睛,白皙细致的面庞。

在我们班,她的名字象征着机敏、聪慧、刻苦、谨慎、优秀。她与老师、同学和睦相处,她乐于助人,拥有像计算机一样善于思考与分析的大脑。她努力学习,优秀上进,是老师同学眼中标准的"三好学生"。

她待人真诚,从不欺骗隐瞒,总是把自己内心深处最为真诚的想法拿出来与大家分享。她要在班上处理的事情非常之多,事情虽然多,但她还是把班上的事务管理得井井有条,是老师的得力助手。她课下时也会跟同学们聚在一起谈笑风生,她幽默的话语总是会逗笑在场的每一个人。老师与同学们对她给予了很高的期望。她的字迹也非常的工整、整洁。她也是板报组的成员,经常为我们的板报增光添彩。每一次优秀的班报中都有她的一份功劳。

她喜欢微笑,微笑时微微上扬的嘴角,充满笑意的眼睛都充满了少女的青春与活力。我相信,她的未来一定是充满光明与希望的。

怎么样?听了我的介绍,你一定会对我们班的人很感兴趣吧。五十朵美丽的鲜花组成了这个五彩缤纷的大花园。想了解我们班的人吗?来找我,我一定会给你一个完美的答案。

缤纷的午餐

苏 萱

"铃——铃——铃！"

学子们再也按捺不住，老师的前脚还没有出门，大家就拿着饭盒风一般的冲出了教室，向食堂冲刺。

刚才还宁静的校园马上就沸腾起来。奔跑声、自行车的铃铛声、欢呼声一起奏响，就像一段交响乐。

那些先买到饭的男生，管他饭盒里装的是萝卜还是青菜，不管三七二十一的用勺子拿起来往嘴里送。

而那些斯文的"小姐们"，仍然不顾肚子发出的抗议，拿起小勺子吃上一小口。

这之后，大家就像多年未见的亲人一样，把自己的"遭遇"好好地畅谈一番：

——"真是的，那个老古板太不讲道理了，我明明已经交他作业了。"

——"我们理解,也许他是老了犯糊涂了,没有看到你的作业罢了。"

——"咱不跟他计较,宰相肚里能撑船。"

——"就是,就是,来喝口水消消气。"

一些"知识分子"们还不忘拿着书在那里苦读,看到周围三三两两的人,便又抓紧时间享用起来。

看着逐渐离去的人们,那些只顾说话的人们也只能乖乖地吃饭。

一会儿过去,一个人也没有了。现场只剩下一片狼藉。

"铃——铃——铃",嘈杂的校园又转为宁静。

这样的生活,简单而又平凡,一天天在我们身过上演,也正是在这简单、平凡的生活中,我们一天天长大,由幼稚走向成熟。

不该丢失的友谊

马怡宏

它真的离我远去了吗？它真的不属于我了吗？它真的被我弄丢了吗？也许是真的丢了。

它没有形状，没有味道，可是却有许多种感觉，而它也就深深地住在我内心的深处。它曾激励着我，使我不断进步；影响着我，驾驭我每天的心情；亲近着我，使我与它难舍难分。

也许它的丢失源于一次争吵，源于我脾气的暴躁，源于我不肯说一声"对不起"。源于我一时的冲动。它的丢失使我的心情出了多云，没有了昔日的阳光灿烂，没有了像滚烫的小茶壶冒着泡泡的快乐，总而言之它的丢失使我失去了一切快乐。所以我一定要找回它，因为在我脑海里清清楚楚地知道，它不该丢失。

在默默中拥有了一个找回它的计划，我找到丢失它的地方，可我却无法将它找回，因为我张不开口，我心里像有两个不同想法的人在打斗着，不分胜负，可最终是选择了找回。我利用课下时间，传了一张纸来给她，约她出去，刚开始她还有些不情愿，但最终还是出去了，我把她拉到了一边，很严肃地说了一声"对不起"，说完之后，我俩的眼睛都模糊了，眼泪在眼里不停地打转，最后四颗晶莹的泪滴掉在了地上，我获得了她的接受，完成了一直以来的计划，也终于说出了"对不起"这三个字。

就这样它又回到了我身边，陪伴着我，跟随着我，它就是友谊，是我与同桌最真诚的友谊，最难忘的友谊，最舍不得失去的友谊。

它的曾经丢失，使我更珍惜我俩的友谊，而且我还要改一改我那冲动的臭脾气，来保护那份友谊，让它地久天长，直到永远！

不一样的中秋,不一样的情

刘朔

春夏秋冬,四季轮回。夏的躁动替代了春的和谐和安宁,秋的萧瑟清凉驱走了夏的激情。

诗人总会在秋季发出自己的无尽悲伤,而到了八月十五这天礼花犹如新年敲响的金钟驱走了清凉和伤悲,迎来快乐。

而今年的中秋节却有不一样的情感。

圆圆的月饼静静地躺在饼盒中,圆圆的苹果,圆圆的葡萄泛着诱人的光泽,我坐在阳台上,仰着脸,凝视天空。圆圆的笑脸静静地等待着圆圆的月亮到来,一会儿看看月饼,一会儿看看水果,一会儿看看天空,月亮显然已经迟到了。

爸爸妈妈端来煮好的花生,边吃边聊,我不禁想起了从前的中秋,月亮是那么的圆,那么的大,天空那么的深，那么的黑，显得月光格外明亮。我还小，不知为什么月亮那么亮、那么美，我就信了爸爸的话，月亮上的黑点就是住在上面的嫦娥和怀抱中的玉兔，而中秋时却没发现月亮上有一点儿污点。我想了半天对妈妈说："你知道吗？原来月亮上有仙子，坐在弯弯的月牙儿上，现在月亮变成圆的了，太滑，她就掉下来了……"

可现在想却不好笑了，可能是今晚没有可以使嫦娥掉下来的月亮吧！现在礼花和灯火都和月亮去躲猫猫了。

我不仅想起诗人在秋季发出的凄凉、哀伤和无奈的思绪是多么的深沉。不是刘禹锡"自古逢秋悲寂寥，我言秋日胜春朝。晴空一鹤排云上，便引诗情到碧霄。"的豪放，而是《诗经》中的"秋日凄凄，百卉俱腓""蒹葭苍苍，白露为霜""桑之落矣，其黄而损"的唏嘘。

我看不得令人陶醉的落叶瞬间的美景，也观看不了天下第一绝——枫红之美。

不一样的中秋带来不一样的情，如今只剩下和月亮一样在暗处忧伤。

有一种记忆叫"温暖"

常 菜

敬爱的郎老师:

您好!

常听人说:"天下没有不散的筵席。"六年的小学时光一晃而逝,我的小学筵席也随之散去。回望我们相处的日子,我始终忘不了您给予我的温暖。

那日,天阴森森的,无情的大风将落叶硬生生地从大树的怀抱中拽走。我看到这样的景象,心中更加沉重。放学前,发了上一次考试的试卷,一个鲜红而刺眼的分数——"87"映入眼帘,我看也没看,便揉成一团塞进书包。背着"沉重"的书包,迈着沉重的步伐向家中走去。路上,看到您迎面走来,我只得憋出一句:"老师好!"您大概猜出我的心思便说:"这么快便被打倒了,我可不希望你这样,一次失败不算什么,要不气馁,不急躁!"

我点点头,看着您离去的背影,顿时感觉刚才还凄凉的景色,变得生动起来。

那时,路上坑坑洼洼,每走一步都很艰难。

随着年龄的增长,我变得浮躁起来,不把学习放在心上,性格开始变得叛逆,成绩一次次下降。在一次模拟考试中,我的成绩使我在班里大跌眼镜,第二十八名使我深感耻辱。我预感一次暴风雨即将来临,果然不出所料,您"邀请"我到您办公室座谈。"怎么考成这样了?你最近可是有点儿浮躁啊,你知道吗,现在的竞争有多激烈?你在班里的对手正在努力追赶,就算你努力,前方都是坑坑洼洼,更何况不努力呢?"虽然这次您严厉的批评了我,但我的心中却很温暖,这说明老师没有放弃我。

那时,天上的云朵惬意的飘着,地上的花朵开得更艳了。

您曾经为我们读的诗歌:"一次亲昵的呼唤,荡开了心间冰花,那是被岁月封存的温暖;一回回含着的微笑,洗却了人的疲惫,那是被日子串起来的记忆。没有比人更高的山,没有比温暖更珍贵的记忆。多少往来,总是被风轻轻吹起,飘向那遥远的美丽……"我记忆犹新,您说:"你们要记住有一种记忆叫'温暖'。"那时,您以此作为毕业赠言;今日,我以此来回忆温暖。

温暖,在我的记忆里,就像漫漫长夜里一点儿星光,给我慰藉和希望,就像寒冬里的一杯纯纯的香茗,给我带来馨香与温情,又怎能不唤起我内心那一份温暖的追忆?

　　此致

敬礼

您的学生:常佳玉

从未走远

齐月桐

夕阳从未走远,夕阳下的外祖父从未走远。

相册被风一点点吹开,吹到外祖父送我上学的那一页,吹到外祖父给我买糖葫芦的那一页,吹到外祖父躺在病床上的那一页,也吹到我在沉睡的外祖父身旁无声哭泣的那一页。

幼时,淘气的我总不愿去上幼儿园,觉得那只不过是管教我的一个场所,会限制我的自由。每次要去幼儿园时,我都会跟外祖父撒娇,外祖父也总是骑着自行车带着哭喊的我奔向幼儿园。在外祖父严厉的目光里,我只得妥协。

相册一页一页被风吹过,熟悉的场面又在眼前。我又不愿去上幼儿园了,原因竟是幼儿园的老师不如外祖父、外祖母慈祥,幼儿园里没有我爱看的动画片,去幼儿园不能带我喜爱的布娃娃……各种各样的理由我在外祖父那里都不管用！无奈，只得被强行抱到车子的娃娃架上，又一次哭喊，又一次妥协。

　　成功地在幼儿园熬过一天后，外祖父来接我了。门口糖葫芦小贩的叫卖声不绝于耳，我眼巴巴地望着那一串串红彤彤、亮晶晶的糖葫芦，想象着酸甜软糯的味道，一点儿也挪不动脚步。即使这样，我也只是咬着嘴唇看看而已———贯节省的外祖父兜里并没有多少钱。可是外祖父却轻拍一下我的头，微笑着冲我眨眨眼睛，从兜里掏出两个一元的硬币朝我晃一晃，然后从插满糖葫芦的草把子上挑出最大最红的一串给我。我永远忘不了外祖父骑着吱吱呀呀的老式自行车，我在车架上美美吃着糖葫芦的情景……

　　后来，外祖父生病，住院，病情恶化。那辆生了锈的自行车被弃在院子一角，再也没能唱起吱吱呀呀的歌。而外祖父只能躺在重症监护室里呆呆望着天花板。我常常忍不住傻傻地站在窗外，看着即将落山的夕阳，心里空空的，沉沉的。

　　终于，疼我爱我的外祖父永远地睡去了，我只能靠在他的身边无声地哭泣。那时，正日落时分。

　　相册一张一张被翻过，合上，而外祖父慈祥的面容和声音，还有他留给我的温暖永不会随风飘散。

　　我相信，夕阳从未走远，外祖父留给我的温暖也从未走远。

梦想的阳光

韩娟娟

"你们没有权利决定我的人生!"随着坚定的话语落下,女孩儿冲出了家门。被女儿的突然爆发震惊的父母呆呆的在家中无言对视。邻居们也朝着女孩儿离去的方向频频侧目。

离开了家的女孩儿茫然地在大街上行走,街上的行人脚步匆匆。

"轰隆——轰隆——"天空中传来几声闷响,女孩儿抬头看了看天空。

黑压压的乌云挤满了整片天空,不时出现几道银白的闪电。显然,暴风雨要来临了。女孩儿跺了跺脚,急忙朝附近的一座亭子跑去。

当女孩儿到达亭子里时,外面的雨也正巧下起。细密的雨珠如牛毛,如细针,世界好似都蒙上了一层薄薄的轻纱，朦朦胧胧。

女孩儿望着雨帘外的一丛丛花木出神，本就不甚浓重的绿叶在细雨的笼罩下更显娇怯。女孩儿伸出手，让雨丝打在手臂上，冰凉刺骨。那股冰凉仿佛由触及的肌肤传遍四肢，女孩儿不禁打了个哆嗦，迅速收回了手臂。

好在这场暴风雨来得快，去得也快，不久，雨便停了。女孩儿起身，又看了看亭外，一片狼藉，花枝子折的七零八落，那几片新长出的绿叶也在暴雨的打击下所剩无几，一朵柔弱不堪的花苞在那之中更显萧条。纵然经过大雨冲刷后的花草愈发显得青翠欲滴，娇媚可人。但女孩儿却再找不回一开始赏花的喜悦了，女孩儿有些失望地回到了家。

回到家父母已经准备好了晚餐和毛巾，女孩儿看着洁净的毛巾，热乎乎的饭菜。心底有些刺痛，眼眶周围有些酸涩，她开始感觉自己是不是做错了什么。

第二天，天气仍然不好。灰蒙蒙的天，那令人焦躁不安的压迫感。女孩儿又一次去到了那个公园，她坐在那个亭子中等待着暴雨的来临。

很快雨下起来了，与昨日一样的情景却有着不一样的心境。只是这次的雨要比上次长得多，摇摇欲坠的嫩叶，晃晃悠悠的花苞在暴雨的打击下好似随时有可能坠落。但幸运的是，到最后它们没有掉下来。

天空中的乌云迅速散去，露出湛蓝如洗的天空。很快，上面架起了一道七色的弧状光桥。地下的水潭中倒映着天空的景象，美丽的七色桥很快消失了。太阳的光芒照在晶莹圆润的水珠上，折射出七色的光芒。那在暴雨中摇摇欲坠的花苞此时竟悄然开放，含芳吐艳。

在回家的路上，街道的店家放着张韶涵的《淋雨一直走》，里面有一句歌词是这样的"人都应该有梦，有梦就别怕痛。"女孩儿听到这句词时，脚步微顿，继而唇边勾起了一抹自信的微笑。娇嫩的花苞亦可为了自己的梦想而战胜暴雨的打击，人又何尝不与花朵类似？花朵亦能做到，人为何不可？

有梦想就有阳光！

读书？读书！

陈雪璐

书籍是中国历代传承下来的中华文化，沉淀了中华五千年的文明。文明世界，文明中华。我们是二十一世纪的花朵，祖国的新一代，读书对于我们来说是必不可少的事。

现在很多同学不喜欢读书，甚至讨厌读书，认为书是牢笼，锁住了青春的放荡和自由。认为放纵自己才是快乐；书中催人泪下的情节我们毫无感知，以为青春的懵懂才是实感。不，这是错误的认知。我们读书就是为了不让自己放纵，优雅走过青春期。在书中感受理想，感受现实与未来。读一本好书，犹如和高尚的人对话，可以洗礼自己的情操。不读书，不吃苦，你要青春干吗？

为了自己的美好明天，我们要读书。为了传承中华文化，我们要读书。华夏文明世世代代流传下来，经过岁月的沉淀更加炫彩。我们要传承中华文化，学习古人勤奋读书，以书为乐的精神。追溯往昔，有"头悬梁，锥刺股""程门立雪""凿壁偷光"等。他们热爱读书，热衷于中华文化。传承中华文化，把民族精神发扬光大，好好读书你会感受到不一样的世界。

我们应该怎样读书，书才会给我们的生活添彩？

古今中外的名著，给我们的生活添加了一种无名的美感。书中人物的遭遇沉淀了精华的部分，向我们展示出来。一件件故事，一个个人物传记，给了我们生命的启迪与生活的启发。

读书！走在书的旅途中，道路两旁开满了智慧的花朵。花蕊娇嫩鲜艳，充胀着空虚的大脑。数目一字一句支撑起干瘪的身躯，知识的泉水滋润着我。我感到自己是一个有行动力的人。脑中有着知识，心中充满着希望，有着不顾一切向前冲的勇气。

传承中华文化，读书是最好的方式，也是最有效的方式。书中自有颜如玉，书中自有黄金屋。我爱读书。

从汉乐府到唐诗宋词，再到元曲，这些都承载了一个时期的文化，都是中华文化的组成部分，都体现了中华文明。把知识装进脑袋里，把文化放在心中。我爱中华民族文化！

五千年的故事，五千年的文明。传承中华民族文化，从我做起，从现在做起！

我爱汉字，我爱中华

杨 慈

华夏，是一个伟大的民族，他就像一头沉睡的雄狮在亚洲的西南端；他就像一朵盛开的奇葩在世界历史上奇异绽放；他就像一条古老的长河，在世界的地图上源远流长。华夏，历史黑暗中不熄的明灯，终于在经历重重磨难后绽放光芒。

在历史的长河中，有的人用笔当枪在文化的战场上救赎沉睡的灵魂；有的人栖居国外汲取知识报效国家；有的人用自己的热血洒在这片热土上，而作为祖国的未来我们应该热爱中华传承文明。

五千年前，仓颉创造了文字。从此给人类文明种下了一粒种子，人类文明走向正轨，从甲骨文到简体中文其中个数我们不再列举，但每个字体无不凝结着祖先的智慧与血汗，它们象征着五千年来从古到今的证明与历程。

文字的出现是中华文化的瑰宝，从它身上，我们可以感受到中华的发展历史。书，是文字的载体，是文化的另一种呈现形式，书中每一笔，每一画处处充满着五千年的幽香。所以，我们应该多读书，好读书，读好书。

　　可是，现在越来越多的人开始遗忘这朵"奇葩"的传承，看大街上的"错别字"越来越多，什么"衣衣不舍""网来网去"等，用同音字来代替只为自己的营销更好，赚更多钱，就这样人们不再注重这个词本来的意思。不知从什么时候开始文字的存在建立在了利益之上，并且这种现象不可遏制，越来越多。在电子发达的时代，我们很少写字"提笔忘字"的现象比比皆是，我想说，汉字可是流传了五千年的"活化石"呀！真的就让它像珍稀动物一样就此绝迹？销毁在我们手上吗？更有甚者，"崇洋媚外"的现象越来越严重，说洋文，穿洋装，吃洋食，拒绝说中文，认为外国比中国好。

　　是！识字很累，背诗很苦，学习很难熬。可是，你舒服了，谁来传承？连做中国人的资本都丢了你还有什么资格来说自己是华夏儿女！

　　我们是华夏儿女，我们有责任和义务让祖国变得更好！那么我们必须要读书。

　　有远见卓识的人们已经发起了拯救中华文化的呼喊，听黄河在咆哮，听雏鹰在长鸣，看《汉字听写大会》已在全国拉开帷幕，诗词大赛热火朝天，让我们联起手来保护中华文化拾起被遗忘的历史，唤回沉睡的灵魂。

　　啊！祖国！我对你的敬意一点儿也不虚假，我懂我身上的担子不轻，但是我不怕，我不会让祖国母亲千年的结晶毁于一旦，即使世界上只有一个人在奋斗，我也会努力到底，不为别的，只因——我爱中华。

奔跑吧！中国

江 雪

在我灵魂的最深处，有一个国度，努力而又坚强，用鲜血染成的五星红旗，在风中飘扬，飞舞，直至山无棱，天地合……

国家的建设者们经过不断的努力，才使中国有了今天的成绩，创造出了现在的辉煌。他们为祖国做着贡献，为人民服务着。

但是，在那危机四伏国难当头的时刻，革命前辈们付出了生命，用鲜血铸成的中国，似曼陀罗花般亮丽……曾经，无数敌人想侵占中国的领土，这片土地上，曾经被鲜血染红……

从古代开始，中国就立足于世界顶端，全盛时的唐朝，曾派鉴真和尚东渡日本，建立了唐招提寺。张骞出使西域，开辟了具有伟大意义的丝绸之路……

在抗日战争期间，佟麟阁，赵登禹，郝梦龄，刘家麒，司徒非，李巩良，张诮行等这些爱国志士骁勇善战，为民族大义牺牲了自己的生命。我在此向他们致敬。

中国的少年是祖国未来的希望。梁启超曰："少年智则国智，少年富则国富，少年强则国强，少年进步则国进步，少年自由则国自由，少年胜于欧洲则国胜于欧洲，少年雄于地球则国雄于地球。"

我们作为新中国的少年，要时刻为国家的进步与建设而努力。

奋斗吧！少年！

奔跑吧！中国！

畅想未来新校园

李 玮

同学们，当我们漫步在校园那绿树成荫的小路上，当我们坐在明亮宽敞的教室里，当我们酣睡在舒舒服服的宿舍中，当我们……那么同学们你们有没有想过，这一切都可以改变，可以改变得更好，更舒服呢！让我们一起畅想未来，未来的学校会是什么样的呢？

早晨同学们来到校园，再也不用怕没带学生证而被查住了，因为门口根本没有门岗，而是三台声音、指纹、相貌测试仪，同学们可任意挑选一种来进行测试，如果有学生不想测试就进去，那么在你前面就会出现一台输入名字的写字板，那就是你被扣分了！

进入教室后，上课时墙壁会自动变成蓝色，表示一种严肃的气氛。而等到下了课，它又会变成绿色，有利于保护同学们的视力，调节同学们的心情。

等到同学们打饭时，更不会出现拥挤的现象，因为有个安有摄像头的机器人在监视着你的一举一动，如果你插队了，上前拥挤了，它就会把你提到队伍的最后边，等别人打完了，你才可以去打饭。

经过一天的专心学习，同学们肯定很累了，没关系，到了宿舍你的床铺会按你的指令变成各种各样的按摩椅，来帮你按摩。这样你就会在很舒服的按摩椅上睡着了，等你睡熟了它就又会变成床。不错吧！

等到同学们放了学，只需在数据板上找出你的自行车，它会飞一般地过来，并且，在回家的途中你不用骑，只需告诉它去哪里，它就会自动带你去。在途中你如果感到很无聊，自行车会自动跳出一个屏幕，上面写着有课外书、游戏、和音乐的选项，你可以根据自身的爱好来进行选择。

当然，这些都是"浮云"，不过也不是不可能的，只要通过我们的努力，我相信一切都会变为现实。同学们，为了我们的理想而努力奋斗吧！

梦想中的人间天堂

卢玉兰

我就是一棵树，当我还是种子的时候，就梦想着人间天堂。

我感到希望终于来临了，于是我努力生长，不管坚硬的岩石是否割破了我的臂膀，不管我幼小的身躯会遭到怎样的蹂躏。

终于那一刻，我探出了头。阳光刺得我睁不开眼：这就是我梦想中的人间天堂。

迫不及待地睁开充满渴望的双眸。一瞬间，我呆了。这里没有绿草如茵，没有鸟语花香，有的只是一堆堆毫无生气的瓦砾。

天空如此灰白，似乎在怒吼，却更像永恒而无奈的绝望。周围发出嘶哑的雷声来嘲笑我茫然的眼神。

原来就是这样，这就是我梦想的人间天堂。不禁发出了嘲弄而又可悲的笑，那是一种狂笑，我的整个身躯都随之颤抖。

不，不会的，那一轮明月会为我指引方向。瞧，她多美，多像披着白纱的妙龄女郎，闪动着充满诗情画意的双眸，在向我微笑，在向我招手。

于是，我又一次醉了。只想不断地向上生长，去抚摸她纤细的双手，去轻吻她美丽的额头。

只为了瞬间而无限的幸福，而努力生长。

终于，我看到了梦想中的人间天堂。

生活是个圈

赵 悦

孤独终究是为了流浪吧！开心还是为了悲哀吧！疑惑始终是为了明白吧！我们走了一圈，最终又回到了原点。

我们降临在这个世界上的信号就是哭泣，说不定我们临终前的最后一秒也在哭泣；我们总是埋怨别人，所以最终也被人埋怨；我们总是在做选择，说不定以后我们会被选择；我们总是在写别人，说不定以后我们也会被他人写……绕啊绕，最后还是来到同一个地方，只不过我们的感受不同罢了。

四岁的我，厌恶上幼儿园，每天好好学习就是为了早点见到妈妈，每天在大树下想着妈妈；十四岁的我再次来到这里时，大多数记忆已经丢失，只有一些零零散散的片段在脑中放映，已经记不清是哪一棵树，只记得这里埋藏着自己太多的美好，已经记不清是哪一个教室，只记得这里是学习之路的起点，更记不清午睡时睡在哪一张床上，只希望空气中还有属于我的味道……

六岁的我，异常贪玩，会跟着同一个小区的哥哥姐姐们翻墙，当我再一次回到这个小区时，早已物是人非，找不到当时的玩伴，只找到我丢失的记忆；找不到当时的那堵墙，知道到了沉淀的属于我的故事；找不到当时玩耍的地点，只找到了那份勇气……有太多东西都找不到了，但我也找回了很多东西。

七岁的我，酷爱唱歌，每天在家哼唱着跑调的歌曲；八岁的我，热爱打扮，每天为自己搭配一套自认为不算太差的装束；九岁的我，开始接触写作，从此一发不可收拾……

我们的记忆的行李箱太乱了，我们应该定期去整理，虽然其中过去的行李会慢慢地减少，但未来的记忆会填充它们的空白，珍惜我们的回忆，做一个时间的记录者吧！

当我们回到起点时，别忘了看看过去的我们，去赞扬也好，去嘲讽也好，那就是我们，最真实的我们。

错　过

齐进科

生活中，我们常常会面临各种各样的分岔口，在选择之间徘徊思来思去，因为你有得必有失，无法去选择。

东汉末年，群雄奋起。英雄辈出，驰骋疆场。曹操刘备，青梅煮酒论英雄，曹操知刘备胸怀大志，各谋士也纷谏杀刘备，可曹操爱才心切，放任之，从此错过了绝好机会，失之毫厘，差之千里，从此错过了一统天下的机会，一失足成千古恨。

曹操错过，创造了一个名垂青史的时代，一个璀璨无比的时代。但不是如此，使关羽、张飞、赵云等武将再无威名，从此少了魏蜀吴这三个国号，是多少英雄战死沙场。也许曹操便错过了颍川之战，氾水关之战，虎牢关之战，董卓追击战，青州黄巾讨伐战，徐州复仇战，濮阳之战，献帝救出战，张绣伐战，徐州援战，吕布包围战，徐州入侵战、白马之战、延津之战、官渡之战等著名之战。或许曹操已成帝皇，君临天下，可也能之后沦为为一个平凡的皇帝，错过曹孟德这个名撼古今的乱世枭雄；也许会从此错过赤壁之战、长坂之战、火烧连营水淹七军这些脍炙人口，流传千古的千古佳话；也许会从此错过《三国演义》这本文学名著；也许从此错过苏轼大诗人的《赤壁赋》，也许……

太多太多的可能，只因一个错过。一次错过，改写了一个人的成就，改写一段历史，也从此改变了中华千年，有可能变的辉煌，或许是败落。

一个个错过，使历史发生无法想象的改变，历史也会因为错过而美丽，而精彩。

我们可能错过儿时耽误学业，但也因此收获了教训；我们因为实践而错过了轻松的假期，但也收获了思维与能力；我们曾因为观看朝阳放弃睡懒觉。为了这个错过另一个。

但是，我们并不为错过而伤心，因为我们得到了别的，这是我们的选择。

错过什么的话就要抓住另一个，努力使自己变得辉煌。

角落里的温暖

钓　猫

刘紫月

看了这个题目，你一定很奇怪吧？听我把前因后果来说一下吧！

有一天中午有fish（鱼）吃，我就想来逗一下猫，和钓鱼差不多只不过是把虫子改成鱼，在平房顶上钓。

过了一会儿，还没有猫来，我把装有鱼的盆子摇了摇，使香味散发得快些。终于有猫来了，哇！那只猫可真漂亮，除了眼和眼周围、背上和尾巴是黑色外，其余部分是白色的，那只猫像戴了一副墨镜一样，真漂亮！它慢慢地向鱼靠近，小心翼翼地四处张望，生怕有猫来抢。近了，近了……到了鱼跟前再猛地一扑，我把杆儿一提，哈！猫给扑了一个空，但猫并不灰心，一次、两次、三次……终于猫闻到了其余的"猫饵"于是"蹭蹭蹭"的就上了旁边的树，它借助树的弹力和自身的跳跃能力猛地一跳，竟跳了过来！其余的"猫饵"装在一个破盆子里。猫跳过来以后把我吓了一跳，忙往后退，它示威性地向我叫了几声，就把装有猫饵的盆子给叼走了！

这只猫可真厉害！

更厉害的还在后头呢！

还有一只猫也是这样被我逗怒的，它是一只黄白相间的猫，被我逗了好几次后，被激怒了。也爬到旁边的树上，一跃而过，过来不是来抢鱼的，而是来教训我的！它过来以后一个劲儿地抓我。可次次抓不着，它往左扑我往右躲。就这样时间长了，它装作往左扑，可只跳了一小步！它落到地上后，飞快地用后腿弹起，向我扑来！我连忙往边上躲，可还是被抓到了，我一惊"啊"地叫了一声，不过没事，只是把鞋给抓破了。那只猫也被我的一声惊叫吓到了，转头就走了。跑之前还向我怒吼了几声！然后就迈着四方步抬着头，翘着尾巴走了！真是有惊无险，不然还要打针咧！

这就是我钓猫的"趣"和"险"，有意思吧！

书 的 清 香

石雪琦

书,是个神奇的宝贝。自古以来,人们对它总是仁者见仁智者见智。有人说:"如果把生活比喻为创作的意境,那么阅读就像阳光。"还有人说:"一本书就像一艘船,带领我们从狭隘的地方,驶向生活的无限广阔的海洋。"更有人说:"书籍是全世界的营养品。生活里没有书籍,就像没有阳光;智慧里没有书籍,就像鸟儿没有翅膀。"这些说法都对,但要我说,读书可以使人明事理,获真知,修品行。

我从小就喜欢读书,还不识字时,就缠着爸爸给我讲各种故事,不给我讲我就不睡觉、不吃饭。那时候,我认识了勇敢的王二小,凶残的敌人;善良的灰姑娘,狠毒的后妈;聪明的阿凡提,贪婪的地主……

渐渐地,我长大了,能识不少字了,不再满足于爸爸所讲的故事，就开始自己读书。从杨红樱老师笔下，我知道笑猫总是用笑来面对生活；马小跳虽调皮，但他诚实、知错就改、有责任感，是个纯粹的孩子；蜜儿老师能懂得学生们的心，让孩子们在玩儿中学习，获得知识……沈石溪老师又带我进入了动物王国，让我体会到了动物之间的一幕幕真情：它们也和人类一样，有情感，有思想，讲尊卑，懂规矩。同时也让我明白了人类为满足自身利益而无节制地捕杀动物，导致生态平衡遭到破坏，自然环境日益恶化，人类的环境形式也日益严峻。所以，善待动物，就是善待人类；帮助别人，就是帮助自己。

　　现在，我开始读一些名著和人物传记。匡衡小时候，家里穷，没钱买书，就借书来读，晚上点不起灯，就凿壁偷光来读书。正因为如此刻苦勤奋、夜以继日地读书，最终他成为一位了不起的大学问家。无独有偶，明初诗文三大家之一的宋濂也是借书来读，不论条件有多艰苦，都"手自笔录，计日以还"，从不放弃，才在中华民族五千年文化长河中占有了一席之地。还有三国时期的吕蒙，原本不喜读书，可有一次在与孙权交谈后，就发奋图强，手不释卷，成为一名卓越的军事家，为后人留下了"士别三日当刮目相看"的美谈。从鲁滨孙独自一人孤岛冒险中，我明白在逆境里要不畏艰险，战胜自我，才能重获新生；从海伦·凯勒失明后坚持学习中，我明白了不论多么艰难都要不放弃、不言败，才能达到人生追求的最高境界；从鲁迅先生直面白色恐怖以笔为武器同恶势力做斗争中，我明白了尽管社会黑暗、时局动荡，但只要坚持真理，勇敢斗争，就能唤醒麻木的民众，铸就中华民族不屈的铁脊梁。

鸟欲高飞先振翅，人求上进先读书。在我们成长的道路上，一定要好读书，多读书，读好书，与书籍做朋友，学会从书中汲取成长的精神食粮，力争成为一名无愧于社会、无愧于时代的国之栋梁！

读书，伴我成长

郝若雨

阅读，是一个品德高尚的人所必须具有的习惯。高尔基说过："书籍是人类进步的阶梯。"不错，一个经常阅读并善于阅读的人他的品质一定差不到哪里去。

小时候，我最不愿意的就是读书，因为我觉得读书是枯燥乏味的。直到有一天，爸爸妈妈都出去了只剩下我自己在家，闲来无事便随手翻了一本放在桌子上的书，名字叫《意林》。读了几个故事后，我突然发现原来书中的世界好大好大自己的世界好小好小，书中的故事原来这么贴近生活。读书犹如在海洋中畅游，可以挖掘无数宝藏；犹如插上了想象的翅膀，令人陶醉其中。自此以后，我便爱上了读书，读书成为我最好的伙伴，我也因此读到了很多好书。

在《童年》中，我读到了一个倔强、富有同情心、不断追求的少年和他在成长期间所遇到的种种问题和所经受的各种心理考验。揭示了那些"铅球沉重的丑事"。在欢乐中，在悲伤中，在爱与恨的交织中，他的童年就这样匆匆而过。在阅读中，我发现他的爱，寻思他的恨，品味着冥冥之中黑暗的光明；在《羊脂球》中，我读懂了这就是贵族的价值观，他们自私贪婪的本性只允许他们用金钱去衡量一切。现实中赤裸裸的金钱交易、残酷的争名夺利冲刷了一切形而上的终极关怀。这在后文中显露无遗。而我们从一个普普通通的法国妓女身上却看到了真正闪光的地方，那就是一颗真挚质朴的爱国之心；在《钢铁是怎样炼成的》中，我读懂了一个小小年纪就投身于革命事业中去，在一次战争中不幸失明，但仍旧以巨大的热情工作着，用顽强的意志支撑着自己满是病痛的身体，即使最后瘫痪在床，仍拿起笔做武器，开始了自己新的一片生活的保尔·柯察金。

　　在书中，我读到了悲欢离合、喜怒哀乐，读懂了旧社会的痛苦，旧中国的饥荒。

　　莎士比亚说："书是全世界的营养品。"的确如此，如果没有书，人类将在茹毛饮血的原始社会里止步；如果没有书，人类将永远在愚昧无知的落后世界中停留；如果没有书，我们将无从谈生活，无从谈价值，更无从谈发展！

　　今后，我依然会与好书为友！因为读一本好书就像严冬里遇到了炭火，它会以无私的自信，给你燃起澎湃与激情。读一本好书就像酷热的夏天遇到了浓荫，在你孤芳自赏时，给你浮躁的心灵泛起清爽的凉风。读一本好书，就像迷途的航船遇到了航标灯，让你高扬理想的风帆，驶向人生的旅程！

　　回首读书的日子，我仍忍不住怦然心动。一路走来，山高水远，我对好书始终保持着一种绵绵不尽的情感。每至夜阑人静，握一书在手顿感思绪万千。我拜读过古今中外灿烂的长卷，翻阅过人世千般气象的纸页。触摸书中故事的经脉，展读书中人物的笑颜，品悟书中文章的内涵，那行云如水的语句，花雨缤纷的意境，真挚动人的情感，顷刻间唤醒了我的心灵。有好书陪伴的日子，我充实，快乐，振奋！被荡涤过的心灵在书香的浸润中闪光，炫彩，歌唱！

历经苦难的洗礼　展示人生的精彩

——读《草房子》有感

焦卓娅

暑假里，我阅读了曹文轩的《草房子》。这里有精灵班的桑桑，有坚强的杜小康，有倔强的陆鹤……妈妈告诉我，这本书里写的就是她的童年。那时的物质条件还不太好，但是他们的心灵世界却是那样的丰富多彩。

主人公桑桑淘气，富于幻想，当他得知自己生命垂危，毫无希望时，他没有抱怨，没有暴躁。这时"桑桑对谁都比以往任何时候更善良"，他会享受地喝下苦药。在这剂良药的作用下，他获得了"鼠疮"的消除，也使他认识到生命夺目的美丽。

杜小康从小都显得与众不同。在杜家一落千丈时，他得去三百里外的地方放鸭。孤独、忧伤以及不能上学的生活现况都困扰着他。当厄运再次降临，杜家一贫如洗时，他没有被困难打倒，没有对命运屈服。杜小康有他父亲的忧伤，却没有他父亲的绝望。他自己在校门口摆摊，他成为生活的强者。我相信桑校长说的"日后，麻油地最有出息的孩子，也许就是杜小康"。

还有细马、陆鹤，他们都与众不同。他们都在困与难的洗礼下，都以顽强不屈的精神展现出人生的精彩。

低头问自己：你有油麻地孩子们那样的顽强的意志和自信吗？有没有坚强迎难的精神呢？我们从小到大，都像是生活在蜜罐里，衣来伸手，饭来张口，有困难只会发脾气，去逃避或寻求他人帮助。是的，我们也听说过"吃得苦中苦，方为人上人"，可生活在21世纪的我们，又有几人能付诸行动呢？我们缺少的正是这种顽强拼搏的精神啊！

《草房子》对于我们青少年来说，不仅是一本书，一个脍炙人口的故事，它更像一座灯塔，拨开迷雾，为我们指明方向。我将会以这本书作为新航道的指标，从新起航。"只有吃得黄连苦，才能品到蜜糖甜。"我们告别了童年时代，在充满竞争和压力的学习生活中学习与成长，会像油麻地孩子一样，坚持不懈，迎难而上，奏出属于我们自己的生命乐章。

端午香粽不当差

刘 怡

今天下午去超市,远远地便望见一团碧绿,走近一看,哟!原来是粽子!端午节还没到,商场便早早地把粽子上架了。

还记得每年端午节来临之际,我们一家都会回姥姥家,与左邻右舍围坐在那宽敞的大院里,拿着大蒲扇扇呀扇的,"包粽子"这浩大的"工程"便要开始了。

包粽子前是要将米、红枣、苇叶以及各种豆类提前准备好的。到了那天,将这散发着香味的米与豆子混在一起,放在几个盆中,再将苇叶洗干净煮过,红枣洗好,便开始包了。包一枚粽子大约需要三四片苇叶,将苇叶弯成小碗状,然后将适量的米放入"碗"中,再将一颗大枣嵌在里面,之后,姥姥们用那娴熟的手法:翻——转——续叶——翻——转,三下五除二,一个神奇的披着绿袍的粽子便出现了,再用一根细绳将粽子包扎起来,便可以下锅煮了。

　　包粽子时,这么多人齐聚一堂,有包的,有准备苇叶的,还有像我一样在那儿凑热闹的孩子们,大家在一起唠家常,侃大山,不时有笑声飞出,别提有多热闹了。这边一锅粽子已经煮好了,稻米与苇叶的香气夹杂在一起,飘出了大院子,飞出了村落,在那缥缈的空中,仿佛能看到屈原跳入汨罗江的情景,仿佛能看到那颗爱国之心闪着金光……

　　瞧着眼前让人垂涎三尺的香粽,我轻轻地拨开他那绿色的外衣,一颗颗大米仿佛已融合在了一起,分不出界限,嵌在里面的枣儿、豆儿更为其添了一股香甜,小孩儿们最喜欢的还是夹一口粽子,放在糖中,给他裹一层糖衣,再放入口中……是耳边服务员的叫卖声把我唤醒了,我拿起一包粽子,向收银台走去。这买来的粽子,虽也好吃,但总觉得少了点儿什么!

　　回到家中,桌上却多出了一包粽子,原来是姥姥知道我们爱吃粽子,便提早包好给我们送来了。吃着姥姥送来的粽子,浓浓的香甜和幸福使我恍然大悟,我吃的不仅仅是粽子,更是家人亲手包进去的爱与思念,端午的香粽果真不当差!

意　外

曾丽娜

有人说幸福是"临行密密缝，意恐迟迟归"的牵挂；有人说幸福是"爆竹声中一岁除，春风送暖入屠苏"的团圆；也有人说幸福是失败后热情洋溢的一声鼓励……

"丁零零，丁零零……"放学了，而教室里却只有我那失望的背影和被泪水打湿的考卷。"时候不早了，回家吧！"一个同学喊道。此刻，我的心如刀绞般，想：这么差的分数，要是让妈妈知道，可不得把我"吃"了。

迈着沉重、不情愿的步伐走在小巷里，这时，雷公电母也来凑热闹，仿佛这糟糕的环境都因我而起。大雨像瀑布一般，天和地之间仿佛隔了一道窗帘。回到家后，妈妈忧心如焚地说："你看你都淋成'落汤鸡'了，快喝杯开水，暖暖身子。"我害怕极了，完全不敢直视妈妈的眼睛，仿佛一场"灾难"即将来临般，我的心像揣着一只小兔——七上八下，手抖得厉害，我不想破坏爸妈的好心情，但泪水还是像断了线的珠子般不争气地落了下来。"呀，宝贝，你怎么哭了？还一副无精打采的样子？"妈妈焦急地说道。我吓得哑口无言，喉咙像插了万根钢针，硬是说不出话来，直接冲进了房间。"嘎吱"一声，意料之中，妈妈又要像审判犯人那样审问我。"对不起，妈妈，我这次模拟考成绩不……"话未说完，妈妈就把我拥入怀中，温柔地说："傻孩子，不用因为模拟考成绩差就失魂落魄，你现在要做的就是将问题找出，对症下药。"

这时，爸爸也走了进来，笑道："这点小事算什么，人生路漫漫，困难多了去了，你要勇敢去面对，去克服它，快把卷子给我看看，咱们一起找一找问题。"话音刚落，妹妹也闻声而来，我心里咯噔一下，想：要是让妹妹知道我这成绩，她岂不是会嘲笑我？原来那高大的形象也就此在她心目中磨灭……忐忑不安中，妹妹竟嬉皮笑脸地说："姐姐你永远是最棒的，还有我给你垫底呢！"妹妹这一自黑，逗得全家哈哈大笑。

看着眼前幸福的一幕，我的心涌起了一股暖流，暖意融融；心像扒开了云雾，像春风吹开了心扉，心中的忧愁顿时抛到了九霄云外。

角落里的温暖

193

泛黄照片的力量

张力宁

一双枯瘦的手轻轻地拂去照片上的灰尘,使我看到了一张泛黄的照片。正是:那张旧照片上的红星,照亮了我心房;那张照片上的军功章,指明了我永保节约、爱国的航向。

今年国庆节那天,小姨打电话叫我们一家人一起去吃顿团圆饭。自我推开小姨家门时,我就开始畅想小姨为我们准备的一盘盘美味佳肴……

这时,门铃响了,我赶紧去开门,嘴里还叫着:"来了,小舅你今天迟到了!"说完打开门,我一下惊呆了。

门外站着一个面容苍老,满脸皱纹的老奶奶。她的脸上扩散着一圈圈一道道的皱纹,横纵交错,犹如一张张蜘蛛网。她的衣服十分旧,还有许多补丁。尽管头发斑白,但眼中流露的尽是慈爱。我回过神来,对她说:"你谁啊？我们不认识你。"我心想：她一定是个要饭的，我得赶紧把她支走。

她笑了，对我说："孩子，我是楼上刚搬来的邻居，这是我种的菜，我给你们送点儿。""哦，放这儿吧。"我心想：谁稀罕啊。但我又不能这么说，为表示礼貌，我只说了谢谢，就赶紧关上了门。

今天中午饭吃团圆饺子。小姨边说手里边端着一碗水饺，要我送上楼去。小姨告诉我："那是一个孤独的老人，孩子似乎在国外，没人照顾，为她请了个保姆，她都辞了，也不知道为什么……"

我心里突然有些愧疚，我端上碗，走上楼。我敲开门，老奶奶很是惊讶。我满脸愧疚地说："奶奶您吃碗饺子吧，是我刚才不好，还请见谅！"

老人笑了，映现出慈爱的面容对我说："孩子，来坐下陪我说会儿话吧！"

她给我讲起了她的丈夫，在村里经常助人为乐，当时为了保家卫国成为一名战士，参军前他们刚订了婚。不久，她的白马王子就在战场上牺牲了……

说话间，老奶奶从卧室里拿出了一张发黄的黑白照片，轻轻地用手指擦了擦照片，端详着流出了思念的眼泪。我为了安慰她，就急转话题说："您的身体真棒，我看您能不能吃完这碗饺子，吃完我再给您端一碗。"老奶奶拿出了两双筷子，把其中的一双放在了旁边。我以为她是给我拿的，正要说谢谢时，看到了老奶奶旁边的椅子上放着一身老粗布男人衣裳，我全明白了。我看到照片上，是一位穿着粗布军装的年轻小伙子，帽子上那颗圆形带五星的帽徽，加上胸前那枚带有"和平鸽"的军功章。犹如一颗巨大的红星，在我的心中闪闪发亮……我立刻对这位先烈的敬意油然而生。同时，我也对奶奶思念先烈，关心邻里心生感激。

我开始和奶奶攀谈，了解奶奶的生活情况。原来，老奶奶的子女是她收养的，都在外地工作。她享有国家补贴，但生活却一直很勤俭节约。还不时地把子女给她的生活费，拿去给国家捐款。原来，她是用自己的方式，一直在践行老前辈具有的节约、爱国精神。

哦，那张泛黄的先烈照片，那枚闪闪发亮的红星和军功章，还有那位可亲可敬的老奶奶，使我不断心生触动。这使我明白了那张泛黄的照片，就是老奶奶的生活和精神支柱。也使我感悟到：在国庆节日里，来怀念过去革命老前辈的丰功伟绩，和欣赏祖国现在的繁荣景象，其意义是多么的伟大呀！我们应该从小就继承弘扬中华民族勤俭节约、艰苦朴素的优良传统，树立先烈们敢于舍生忘死、为国捐躯的正确人生观，为实现中国梦贡献自己的力量。

扶起欲倒的心

王心怡

　　小雨沥沥淅淅，水雾蒙蒙，这便是家乡的夏天。如往常一样，我背着书包走在上学的路上。路，十分泥泞，十分的滑，我就这样小心翼翼地走着，走着……

　　我走得十分小心，生怕一不小心摔倒。路上的行人不多，走得也不急，只是都如我一样小心，突然一个十岁左右的小女孩儿拿着一个包急匆匆地往前跑，也不怕摔倒，我认为她一定有急事吧，我便没在注意她。可是她一个箭步飞过来，一不小心，呀！摔倒了，她艰难地挣扎着往起站，却总也站不起来。为什么没人去扶她？真是的都没有公德心吗？我斜了人们一眼，但是他们似乎有意逃避那个小女孩儿都走光了，这条街只剩下我和她，我想去扶起她，可是想起网络上说的话题"扶不扶？"引起我的思考，我一时冲动，便绕开了她，看着她在地上挣扎……

她终于站起来了,只是腿有些不稳,我光想着她,便没有看路,也摔倒了,我正试着努力站起来,突然一只小手伸过来将我扶起,柔柔地问了句:"姐姐你没事吧?"我的心微微颤抖了下说:"我没事。"

　　后来她跟我说,她去给妈妈买药要赶快回去。我想,我终究还是错了。我带着满心的愧疚和深深的感动跟她说了声"对不起"。我想我对不起的不只是她,还有我的心。

　　我知道,我走的这条路不只是一条上学路,它还是一条成长之路,小女孩儿像一盏明灯照亮了我几欲冷漠的心,扶起了我欲倒的心。

歌咏比赛

李怡坤

在这天高气爽、五谷丰登的金秋时节，我们迎来了一场比赛——歌咏比赛！主题是"喜迎十九大唱红歌"，我们演的歌曲是《歌唱祖国》。

开始歌咏比赛了，不成想竟然先从我们年级开始，我们班是第二个上场的。

哇，一班气势好雄壮呀，一下就镇住全场。整齐的衣着，洪亮的歌声，他们个个精神抖擞。一班马上就要唱完了，我们都紧张起来，班长说："该我们了，我们千万不要紧张，把声音亮出来。"上台的那一刻，我们每一位同学的心情激动万分。当然紧张是不可缺少的，面对下边那么多同学和老师，不紧张就怪了。一向镇定的体委一上台就蒙了，不知道该喊什么了。不过姜还是老的辣，随即亮出了嗓子："一、二、一……"我们都为他捏着一把汗，看到他这样我们都舒了一口气。"五星红旗，预备唱。"音乐课代表说。我们开始声音还都洪亮，唱着唱着调也变了，我们就像泄了气的气球，声音越来越小。"呀，终于唱完了。"我在那里嘀咕着，"丢死人了。"不知谁说了一句，同学们就和逃兵一样跑出了台下。

等待，等待，煎熬着等待成绩出来。

"同学们请注意，成绩马上要出来。"喇叭里放出声音。那一刻，说话的不再说话，玩耍的也不再玩耍，同学们秉着气息。静极了，地上掉根针也能听见，同学们都竖起耳朵来听。结果，一等奖、二等奖的班级都没我们班，同学们希望拿一等奖的喜悦，在这一瞬间变了，心情低落了好多，平时闭不上嘴的，也默默地低着头不说话。

老师看到我们垂头丧气的样子说："没事，不就是没拿上一等奖吗？不算什么，千万别影响了学习。这次拿不上我们等下次，有的是机会。"老师嘴上不说什么，但是我们都清楚老师也希望我们拿第一。

教室里同学们都陷入了沉思，鸦雀无声。而别的班级传出来的是欢呼声、笑声。唉！悲哀呀，好想重新比一场，可是时光流逝一去不复返。我们好想对老师说："老师，我们下一次一定争第一，不会让你再失望。相信我们，一定可以。"

古诗里的爱

白雪丽

秋风卷起地上的落叶，旋转，空中留下了一道美丽的弧线，飘落，落回这已是半面破壁的沈园。

虽是破壁，可赋在这上面的诗却没有随着时间的迁移而逊色，还是一样的陆游与唐婉，还是一样的留恋与不舍。我不禁又陷入这段让人叹惋的故事里。

那时的他，只是一个小儿郎；那时的她也只是一个深闺中的小女子。不知从何时起，小小的木床前有人骑来竹马，只为送一枝犹带露珠的青梅。从青梅竹马再到喜结连理，二人沉浸于儿女情长。最终，他无暇顾及考取功名引起了陆母的不满，纵然二人苦苦哀求，还是倒在封建礼教的压制下，终归走到了"执手相看泪眼"的地步。之后，他娶进王家妇，她亦改嫁赵家郎。

似乎是上天故意安排，分别十年却相遇在沈园。心中纵有万分喜悦，但她早已属于他人，可望而不可即。想到这里，悲痛涌上心头，化成句句诗词，便有了《钗头凤》这首千古绝唱。又逝去了一度春秋，唐婉再次来到这里，上天再一次的安排让她看到了这经历了风霜的诗句，反复吟诵，想起往日二人的情意，不由得泪流满面，思念化作个个字体，便又是一首《钗头凤》。可惜，自古红尘薄命，她不久就与世长辞。而陆游呢，当他告老还乡之后，故地重游，触景生情，感慨万千，于是又有了后来的《沈园怀旧》和《梦游沈园》。

既然已有新欢，又何必苦托锦书？早知今生无缘，又何必苦苦追寻？

陆游的深情，唐婉的泪水都沉淀在这深秋的天空中，化作枫叶，去往另一个世界，没有压迫，没有分离。可他们的爱情又要让谁来凭吊呢？

深秋的天空里，多了一抹绚丽的色彩，那是她的笑，美轮美奂；那是他的情，至死不渝。有一片枫叶从树上飘落，如血一般的殷红，又似残阳一般绚烂。

从 未 走 远

焦晨辉

故乡，在我心里，从未走远。

席慕蓉说："故乡的面貌却是一种模糊的怅惘，仿佛雾里的挥手别离。"但我想说，故乡在我心里，始终清晰。

夜里，常常梦见那一条静静流淌的小溪。它从山谷之间弯弯折折地流下，为人们浇灌田地，是孩子们的游乐场，也是村庄的生命之源。不管是朝阳升起的早晨，还是晚霞映红大地的傍晚，它一直默默地流淌，流进了我的心里。现在想起，仿佛还能听到一片欢笑声，仿佛一首和着叮咚泉水的清脆乐曲。

小溪上方，那一座缓缓高起的山坡，草木丛生，深幽秀丽。它像一个巨人，稳稳地守护在那里，承载了大自然对我们的所有恩惠。农家的屋上的檩柱，灶前的柴草，牛羊啃食的野果，全都是这大山的馈赠。而它却始终沉默不语，岁岁年年无私地奉献着，在我心里印上了一幅巍峨的画卷。

站在山坡上，能看到一望无际的田地，那一块块的田地，不知哺育了多少乡亲。春天，人们在田地种下种子，它将它的营养全部输送给种子，让它们茁壮成长；到了夏天，便会看到一片一片绿油油的蔬菜、禾苗；秋天，田地铺开一片片金灿灿的稻田，捧出乡亲们最宝贵的粮食，让人们收获喜悦和幸福；冬天到了，它终于能好好地休息了，厚厚的积雪便是它的棉被，它要为自己养精蓄锐，准备来年哺育下一代生命呢！

耳畔，常常响起那熟悉的乡音，乡音里弥漫着父老乡亲的质朴和温暖。我的乡亲们，没有市井间的尖酸刻薄。他们朴实、忠厚又善良；他们辛勤劳动，用双手获得丰收的果实；他们不爱占小便宜，钻小空子；他们大方得体，互相分享自己的劳动成果。他们是那片土地最忠实的守护神，是这世界上最美的人。

故乡的面貌已深深地烙在我的心头。它，从未走远……

关　爱

杜佳薪

我们与家人在一起同甘共苦，风雨同舟数十载。我们彼此分享秘密，展示最真实的自己；我们彼此关爱，相互扶持。

很多时候，我们之间没有花言巧语，只是一个默契的眼神，一个简单的动作就能体现浓浓的亲情。

有一次，我无意中向哥哥说起我一直想看《哈利·波特》，只是太懒一直没有去买。我很快就淡忘了说过的这句话，谁承想，一直外表大条的老哥记在了心里。过了几天，老妈接到了某个邮递员打来的电话。那边说在网上买的东西已经送到，他现在在我家楼下，要我们下去签收。

老妈虽然一头雾水，但还是让自告奋勇的我将包裹拿了上来。

呵，还挺沉的呢。我费力地抱上楼，心里默默地想。

老爸正巧从外面回来。见我这番模样，二话不说从我手中接过。我跑到他前面，替老爸打开了家门。

这时，老哥打来电话，说："书你们收到了吧？那是我给杜佳薪买的《哈利·波特》。"我有些愣，老哥一直是那种一张字条也能在家里找的鸡飞狗跳的人，只是难得他对我的事这么上心。

然而都是一家人，这种时候道谢一定显得有些矫情。还没等我反应过来，老哥就说他忙，先挂了。

再看那边，老妈已经开始拆了。她正招呼老爸拿剪刀。老爸正在抢红包，但还是很快地找出剪刀，剪刀把儿递给我妈妈，尖头握在自己手心里。

我们或许会忘东忘西，但会为他们做到体贴细心；我们可能眼神大条，但从不会忽视他们。这就是亲情！

成长需要挫折

曹贞贞

小时候,常听老人说:"要想长大,就去碰下头吧。"那时候,很不理解这句话。就试着那样做。试过以后却发现自己依然是那样小。现在才明白了,其实那"碰一下头"指的就是经历挫折。就像那次一样……

记得那是一次期中考试,我是踌躇满志,跃跃欲试,几乎是急不可待地冲进了考场。接过卷子的一刹那,我快速地扫了一眼试卷,就这一扫,我的身体瞬间僵住,就像那千年死尸一样,我木木地待在那里。时间一分一秒地从我眼前流过,我的后背直冒冷汗,手指也冰了。想想当初我为了考试如何热火朝天的准备,如今我却要名落孙山了。我仿佛看见同学们得意的样子和那略带不屑的眼神。我哭了。

我哭得那样彻底,那样痛快。我把我心中存放了好久的痛苦、悔恨全都倒了出来。许多同学来安慰我，我没有理会，因为我认为那是同情。我不需要被任何人同情，因为过错全在我自己。

我像那枯萎的黑蔷薇一样绝望地度过了那漫长的几天，却又像待放的红蔷薇一样展开了新的花朵。接下来的日子里，我每天都在为下一次考试准备，不再是那临时抱佛脚的准备，而是脚踏实地的准备。终于，期末考试到了，这一次我赢了，我赢得了我人生中第一次真正的成功；赢得了一个新的起跑线。而这一切都要归功于那次挫折。

就是这样，挫折在我每次得意忘形时总会给我重重地一击，让我在幻想中清醒过来，同时挫折也在我每一次失败后，给了我前进的力量。我需要挫折。我的成长需要挫折。

轻松的春节

李欣荣

　　伴着纷纷扬扬的雪花，度过了一个极富情趣的圣诞节。侧耳倾听，新年的脚步声近了。翘首东望，时光隧道中正姗姗走来一个晶亮晶亮的日子，让我们轻轻地向他招手：新年，你好！

　　在逝去的三百六十五个充满风霜雨雪的日子里，我们奋斗过，进取过，成功过，也失败过。我们的欢笑和失落，迷茫和困惑，都成了无比美好的记忆。但新年一到，假期也随之而来。

　　夜色降临，除夕的夜格外热闹，坐在车中，经过的每间饭店都挤满了人，人人喜笑颜开，见面了便恭喜恭喜，递交红包，孩子收到了便笑滋滋地快速地收进袋子里，一家人团聚在饭桌前开开心心地有说有笑，大人们互相劝酒，小孩们追逐打闹，每个人的脸上都挂着甜美的幸福，此时的感觉格外温暖，外面的风是冷的，但我们的心是热的,平日里,总不能怀着一颗轻松欢喜的心与家人一起团聚,一碗热饭,一桌盛菜,温暖的亲情,春节的前夜格外的舒畅。新年的钟声响起,又迎来崭新的一年。这一夜,真轻松!

正月十二,我和朋友一起去中山广场尽兴游赏。大街上彩旗飘扬,各色商家标语、条幅迎风招展。商场门口挂着一只只大红灯笼,看一眼就让人心里暖和。湛蓝的天空中,一只只彩色气球在阳光的照耀下艳丽夺目。微风拂过,大小气球迎风起舞,又仿佛在向路人点头致意。我们嘻嘻哈哈,东游西逛,无拘无束,轻松惬意。不远处传来小贩的声音:"来,玩一下套圈吧,很好套的!"我们买了一大把圈圈,费了九牛二虎之力,什么东西也没有套上,但心里充满了快乐。这一天,真轻松!

正月十六,我和家人一起看烟花。那爆竹声便如洪水一般挤破浮冰冲击过来了。一朵朵礼花如春笋般涌上夜空,刹那间,天空一片万紫千红、百花争艳的瑰丽景象。一声声巨响也飘来了,接着一颗颗彩球升空,划出一道道优美的弧线,连星月也暗淡失色了。真是火树银花不夜天,千姿万态美如画呀!这一景象仿佛一卷时时变幻的画,给人以梦一般的感受!这一刻,真轻松!

轻松归轻松,但寒假生活转眼就过了。过年的确是热闹的也是快乐的,但年的背后也寄托着厚重责任。面对新的一年,如何调整自己,迎接新的压力和竞争,以新的自我面对新的挑战。我想,这才是过年的真正意义吧。

过年那点事儿

仇慧超

过年发生了许多事,听我给你一一讲来。

过年事儿之一:起床包饺子。

说起这包饺子,我还真不敢恭维我的技术。

本来那是一个阳光明媚的清晨,我正在熟睡,突然我耳边响起老哥那杀猪似的叫声,使我不得不揉揉我惺忪的双眼,起了床,睁开眼看到的第一个事物,便是我老哥的脸,那脸上带着招牌式的恶魔微笑,笑的我心底发寒,毛骨悚然。果不其然,老哥接下来的话让我的心跌到了谷底。"老妈让你包饺子。"我的三清祖师啊,盘古老大呀,玉帝哥哥呀,救救我这个可怜的善良的小子吧!

噢,没人搭理我,只好去做苦工。我拿起一张薄皮,用筷子搞一点儿馅儿放进去,再用手一握一松,轻松搞定!十分钟后,我包的饺子全都东倒西歪的,没一个能站起来的,像打了败仗似的。我老妈对此很不满意,狠狠地批评了我。

过年事儿之二:"包训"吧!

不知道就对了,因为这是小可自编的。

我老妈决定对我实施毁天灭地,天旋地转,人道毁灭的"包饺子训练大作战"。妈妈为教官,老哥为监督,老爸为计时员。

妈妈开始给我讲这样那样,老哥在一边幸灾乐祸地笑,气得我火冒三丈。我在心里暗想:"看我包完后,怎么报复你。"正所谓"君子报仇,十年不晚"。妈妈努力地教我,我也努力地学着,慢慢地,我会包了。包的饺子都傲然挺立,结成方阵,仿佛等待我这个大元帅视察士兵。

过年事儿之三:吃饺子。

我们把包完的饺子一一放进锅里。不一会儿,新鲜滑嫩的饺子出炉了,吃得真香。

我发现,我的生活越来越离不开饺子了,真是"饺子在手,天下我有"。

难忘的第一次发言

沈 璐

多年前第一次在语文课上发言的情形,我至今记忆犹新。因为有了那次经历,从此我不再害怕在大庭广众之下说话了。

我是个腼腆的女孩儿,非常害怕当着众人的面讲话。每逢遇到那种情况,手总是暗暗地颤个不停,脸也感觉火辣辣的,想说的话自然也就飞到九霄云外去了。因此,我上课时很少举手答题。久而久之,我甚至害怕上课,因为上课时老师总是要提问,我生怕答错了会被同学们嘲笑。

那次语文课,老师如往常一样提出问题,要求我们回答。话音一落,同学们便争先恐后地举手。因为这个问题在预习时,我已经考虑得很成熟,于是我也想举手,但我又怕……犹犹豫豫中,我竟也举起了沉重的手。我怀着侥幸的心理想:这么多人举手,不一定会叫到我的,举举手也无所谓。可是天公不作美，偏偏老师挑中了我。也许是老师看我平时从来不举手，这次"破天荒"地举了手，就把机会给了我吧！我心里一惊，慢慢地站了起来。此时教室里忽然变得鸦雀无声，我只觉得周围几十双眼睛霎时间利箭一般射过来，都聚集在我身上。我脸红耳热，心里紧张极了，连腿都在微微发抖，仿佛都能听见自己剧烈的心跳。

我尽量使自己放松下来，但又不敢看老师和同学，便将注意力集中在黑板上。好在我课前认真地预习了一遍，当我一口气把答案讲了出来时，教室里响起了一片热烈的掌声，我的脸更红了。教室里重新安静后，我紧张地瞟了瞟老师，从老师那满意的眼神中可以看出，我成功了！当得到老师的肯定后，我心里产生了一种巨大的成就感。

下课后，我回味着自己回答问题时的情景，心里快乐极了，原来，举手回答问题也是很简单的事情嘛！

从此，我不再害怕举手答题了，也不再像以前那样腼腆了。